LA BELLE CAUCHOISE.

LA

BELLE CAUCHOISE

OU

Mémoires d'une jolie Normande

devenue

Courtisanne célèbre.

Ouvrage pour servir de suite à tous les ouvrages de la philosophie de la nature,

PAR UN AUTEUR CRITICO-SATIRICO-DRAMATURGIQUE.

LONDRES,
ALFESTON ET COMP.
1788.

LA BELLE CAUCHOISE.

Il est assez d'ordinaire que quand on ne peut plus goûter les plaisirs on cherche à les décrier. Eh ! pourquoi déconcerter ainsi la jeunesse? n'est-ce pas à son tour à s'ébattre et sentir l'amour? N'anathématisons donc pas ces plaisirs, que comme on le faisait dans la Grèce, où ils n'étaient défendus que pour en multiplier le charme et la fécondité : alors, vieillards moins déraisonnables quoique vieux avant la vieillesse, vous serez supportables, et peut-être même aimables encore : cette idée de philosophie doit suffire au lecteur pour lui donner d'avance la clef de celles dont je vais lui faire part : ainsi sans autre préambule, j'entre en matière.

Tous les êtres pensants ont un penchant favori qui les entraîne, et qui semble l'emporter sur toutes leurs autres passions; j'ai le mien comme les autres, c'est l'amour du plaisir, disons mieux, de la fouterie ; c'est là véritablement la cause de toutes mes folies et de mes dérèglements. Ces deux mots suffiront à mon lecteur, pour que je doive lui faire l'aveu de ma profession.

Je suis putain, je le déclare ingénuement ; après tout, est-ce un mal ? Car enfin, rapprochons les idées, qu'est-ce que le putanisme ? C'est un état dans lequel on suit la nature sans lui mettre de frein. Après cela, une putain est-elle un être si méprisable ? Que dis-je ? Ne pense-t-elle pas mieux que les autres femmes ? Elle connaît à fond la nature ; elle en suit les impressions, quoi de plus raisonnable ? En voilà assez, je crois, pour prouver l'excellence de mon état. Au reste, qu'on ne m'en demande pas davantage : je suis incapable d'appuyer ce que je dis par de grands et solides raisonnements. J'ai toujours détesté les longues phrases ; pourvu que je me fasse entendre cela me suffit ; ainsi donc, je le répète, j'entre en matière sans autre préambule.

Ma naissance n'a rien de fort illustre : cet aveu naïf n'est cependant point ordinaire dans les femmes de mon état. Je connais beaucoup de mes chères et vénérables consœurs qui se donnent une belle origine, sans en être plus nobles pour cela. A les entendre, on ne saurait bien remuer le croupion, à moins d'être fille d'un prélat, nièce d'un conseiller, ou d'un duc, etc.; quelle folie qu'une pareille généalogie! Une véritable putain ne doit absolument connaître que le plaisir; elle doit mépriser sa naissance et ses parents, n'avoir d'autre ambition que d'assouvir sa passion et de se ménager des connaissances aussi utiles qu'agréables : venons au fait.

Je suis née dans un village, à deux lieues du Hâvre, mon père était charron : je fus élevée comme on l'est toujours à la campagne : sous le rapport de l'éducation, c'est-à-dire fort mal; sans mon bon naturel, mon enfance n'a rien eu d'extraordinaire; on remarquait seulement en moi, dès l'âge le plus tendre, un air qui annonçait de l'esprit; aussi m'en donnait-on dans le village, et la fille du maître charron y passait-elle pour une *bonne pièce* : c'était ainsi que mes dignes compatriotes me désignaient.

Je fus confondue avec le reste des paysans jusqu'à l'âge de 12 ans, jusque-là mes occupations les plus sérieuses avaient été d'apprendre à lire et à écrire ; je ne savais que cela, mais passablement pour le pays. Mon père et ma mère me voyant grandir à vue d'œil formèrent la résolution de me faire travailler ; ils crurent que je pourrais les soulager, mais j'étais naturellement fainéante; c'est de ce penchant inné dans toutes mes semblables pour la paresse, je le dis en passant, que j'ai tiré tant d'amour pour ma profession ; n'étant bonne à rien chez mon père, il résolut au moins de m'encourager en m'envoyant à la ville ; il y avait longtemps que je désirais d'aller au marché, on me fit acheter cette satisfaction par bien des pleurs et par bien des chagrins domestiques.

Un jour vint enfin, où mon père me chargea d'un panier d'œufs pour aller les vendre au Hâvre. J'y allai avec une gaieté admirable, mais je la perdis bientôt devant tous ces beaux messieurs de la ville. Que j'étais folle dans ce temps-là ! et que je suis différente aujourd'hui !

Parmi les personnes que mon père m'avait indiquées, il y avait un vieux procureur de l'amirauté, chez qui j'avais ordre de porter du beurre. Un jeune homme, m'ayant vu entrer chez son père, eut la curiosité de me voir et me cajola pendant tout le temps que je fus chez eux : de toutes les belles choses qu'il me dit, je n'entendis, ou du moins, je ne compris bien qu'un compliment gracieux qu'il me fit sur ma beauté ; la femme a toujours des oreilles pour cela ; au reste ce jeune homme n'était rien moins que beau : des yeux bleus foncés dans un front relevé en bosse, un nez extrêmement court, forces marques de petites véroles. Voilà celui qui m'a le premier conté fleurettes. On s'imagine assez que je ne répondis rien à ses discours, j'étais trop timide encore pour oser répliquer. J'avais laissé ma langue au village, que je regrettais de bon cœur dans cet instant-là.

Au sortir de cette maison, je vendis ce qui me restait, et je retournai fort paisiblement chez mon père sans faire aucune réflexion ; car j'étais si neuve, que je ne pensais pas même aux choses obligeantes qu'on m'avait dites.

De retour chez mon père, on me demanda comment je trouvais la ville.

— Bien vilaine, répondis-je à ma mère qui m'interrogeait.

— Pourquoi donc, dit cette bonne femme

— Oh ! répartis-je aussitôt, ces messieurs-là m'ont fait devenir toute rouge.

Qu'on juge par cet échantillon de ma simplicité. Je finis par déclarer que je n'irai plus à la ville ; mais mon père n'entendit pas cela et m'y fit retourner quelques jours après.

Mon emploi était toujours le même, l'on devinera donc aisément que j'allai chez mon vieux procureur. J'aurai fortement souhaité de n'y pas trouver son fils : mais le drôle était un rusé matois : se doutant que je reviendrais le marché suivant ; il n'avait eu garde de me manquer : mon minois l'avait attiré, et plus encore mon pucelage, contre lequel il avait pris ses mesures.

Cette fois-ci je fus plus contente de lui que la premiere fois : il se contenta de me regarder fixément, ce qui me fit baisser les yeux, tant j'étais alors Agnès. Je sortis cependant un peu plus enhardie et je repris gaiement le chemin de mon village. Mais quelle fut ma surprise! A peine avais-je fait une demie lieue, que j'aperçois ce jeune homme venant au-devant de moi : Me reconnaissez-vous, dit-il en me serrant dans ses bras pour m'embrasser. Ma réponse fut un cri affreux ; je voulus m'esquiver, mais inutilement : il me retint, et me dit qu'il m'aimait à l'adoration, et qu'il ne demandait de ma part qu'un peu de retour.

Je n'entendais rien à tout ce beau langage, et je le laissai continuer son jargon tout à son aise; je sentais néanmoins un certain plaisir à l'entendre; je le priai cependant de me quitter; il ne me le promit qu'à condition que je lui laisserai prendre un baiser, il fallut en passer par là. Et ce fut sur la bouche, avec un feu inexplicable; il redoubla même malgré mes efforts. Enfin il me quitta les larmes aux yeux. Tout le chemin, je réfléchis sur ce qui venait de m'arriver : les baisers que j'avais reçus m'avaient beaucoup échauffé; je ne savais comment et pourquoi je ressentait une joie secrète dans le fond de mon cœur. Le seul souvenir de ces baisers pleins de feu portait dans toutes mes veines une flamme dont l'ardeur semblait se concentrer, cette noble partie de notre individu, dont j'ignorais pour lors l'usage, les charmes et toutes les prerogatives, sur laquelle de temps à autre je portais, forcée en quelque sorte par un transport involontaire, une main égarée et tremblante, je la pressais au travers du voile qui la couvre comme un soulagement à la démangeaison qui me dévorait. J'attribuai cet effet de la nature aux empressements du jeune homme, et sur le champ je conclus que les messieurs de la ville valaient beaucoup mieux que les sots villageois qui ne savent faire aucun compliment.

Je me confirmais dans cette idée à mesure que j'allai en ville. Mon amant, *car je pense pouvoir donner dès-lors ce nom à celui dont il est question ci-dessus.* Mon amant, dis-je, me faisait mille propositions : il voulait me mettre chez une de ses amies, chez qui il me verrait, disait-il à chaque instant, et où il me donnerait des marques de sa tendresse ; peu à peu j'avalai le poison. Je fus cependant encore trois mois avant de me rendre; j'hésitai continuellement; mais enfin obsédé par ses importunités, qui augmentaient sans cesse, lasse d'être chez mon père, flattée par l'espoir d'être heureuse, je résolus de lui accorder pour la première fois qu'il me verrait, tout ce qu'il voudrait et me demanderait.

Je n'attendis pas longtemps, le premier jour de marché où j'allai à la ville, fut celui où mon amant redoubla ses instances. Je balançai pendant environ une heure, et enfin je me rendis. Quel fut mon bonheur de posséder, comme il le disait, un objet aussi aimable que moi : ses mesures étaient prises depuis fort longtemps : il me conduisit bien vite chez une couturière de ses amies, dans un quartier fort retiré.

Ce fut là où je quittai mes œufs, mon beurre et mon pauvre mannequin, que je n'ai jamais reporté depuis.

Jusqu'ici l'on a vu ma simplicité, je puis même, sans crainte, dire ma bêtise, mais à dater de là je vais être une toute autre femme; car désormais je n'aurai d'autre maître que la seule nature; quels progrès ne fait-on pas quand on suit ses maximes et des préceptes aussi indulgents que les siens. La maison de la couturière est le premier théâtre où je vais me former au plaisir. Ce fut mon noviciat dans le mystère de l'amour.

Je l'avoue franchement, cette maison frappa d'abord mes yeux, qui, il est vrai, n'était point accoutumés aux grands spectacles : une simple chaumière, une cabane un peu meublée m'aurait paru jusques-là quelque chose de beau, mais quand j'en fis la comparaison avec l'appartement que mon amant me donnait, j'en sentis à l'instant le contraste, et la gaieté s'empara bientôt de mon âme ; la perspective d'un avenir flatteur me séduisit au point que je me crus heureuse pour jamais. Temps heureux ! où le passé n'est plus pour nous qu'un vain songe, où le présent nous tient lieu de félicité, et où l'avenir paraît un trésor sûrement acquit, un tribut dû au charme et aux plaisirs dont nous paraissions énivrer nos amants, qui, de leur côté, savent y mettre le comble par des promesses d'autant plus flatteuses, qu'elles semblent être le but et le sceau du bonheur pour eux et pour nous ; c'est ce que j'éprouvai dans cet instant. En effet, une chambre assez propre, un petit cabinet, me paraissaient une demeure magnifique.

On me donna le temps d'admirer tout ce que je voyais, autant que je le voulus. Le moment critique pour ma virginité vint ensuite. Je savais très-bien pourquoi j'étais venue dans cette maison, et je ne fis ni la sotte ni la bégueule ; je n'avais point assez d'expérience pour cela : aussi mon amant me prit-il mon bijou, le mania-t-il à son gré, et me donna-t-il sans résistance autant de baisers qu'il voulut ; je ne fit aucun effort pour me dérober à ses ardentes caresses ; mais s'il n'eut pas à combattre ma volonté, il eut d'autres obstacles à vaincre ; il était monté de taille à ne pouvoir si promptement escamoter un pucelage. Plus gros par le haut que par le bas, son vit eut été excellent pour quelque douairière ; il s'escrima longtemps contre mon pauvre joujou, qui ne desserrait pas les lèvres ; mon amant avait déjà fait plusieurs libations très-copieuses sur mes cuisses qui ne m'avaient pas causé la plus légère émotion ; je ne savais encore point alors l'interêt qu'a toute fille ou femme de ne pas perdre une seule goutte de ce liquide précieux ; enfin, après une heure de tourment et de combat, mon champion entra dans le fort, il fut complètement vainqueur; mais ce fut avec tant de peine que je ne crus jamais me retirer vivante de cet assaut terrible. Je criais au meurtre, à l'assassin, je hurlais presque. C'est donc ainsi, lui dis-je, que tu abuses de ma confiance? Tu veux donc que je périsse? Ce fut en achevant ces mots que mes yeux s'égarèrent; ils brillèrent et s'éteignirent tout à la fois dans ce même instant, et mon âme suspendant alors toutes ses fonctions, mes joues s'enflammèrent : un feu brûlant parcourut toutes mes veines, une douce ivresse s'empara de tous mes sens, enfin je fus dépucelée!

Voilà l'époque la plus intéressante de ma vie ; c'est à cette époque heureuse que je rapporte mes plaisirs, mes chagrins, mon bonheur, mes infortunes; que dis-je, c'est dès lors seulement que j'ai commencé à vivre, tout m'a paru beau depuis mon coup d'essai. Quelqu'un dira peut-être que je le fis trop tôt. Mais n'est-ce pas à quinze ans que l'on doit entrer dans le monde?

Si je ne l'eusse pas fait alors, aurais-je à présent tant d'expérience sur cette variété de plaisir que le public vient savourer dans mes différents réduits? Non, sans doute; qu'on cesse donc de me faire un crime de ce qui, selon moi, devrait être et a été mon plus grand bonheur, de ce qui m'a mérité les plus grands suffrages des plus fins connaisseurs en ce genre par le titre glorieux et flatteur qu'ils m'ont donnée d'être la *Nymphe du jour*, autrement dit la *Fouteuse par excellence*.

Mon cher lecteur, en me voyant ainsi séparée de mes parents, s'attend sans doute que je vais lui peindre leur douleur de m'avoir perdue et les soins qu'ils prirent pour me retrouver : je me crois totalement dispensée d'entrer dans un tel détail : à parler clair, du moment où je fus chez la couturière, mes parents ne me firent plus rien, et je n'entendis plus parler d'eux ; s'ils m'occupèrent quelque fois l'esprit, ce fut uniquement pour plaindre leur sort, dans l'espoir de l'améliorer un jour et de satisfaire par là aux devoirs de la nature, et mériter leur indulgence pour mon escapade par le sentiment de mon cœur ; mais mon état me paraissait alors plus doux que le leur, car j'étais tranquille et je vivais sans trouble, sans inquiétude, indolente même jusqu'à la paresse ; mon unique occupation consistant, pour parler bien clairement, à jouir avec mon amant des plus doux plaisirs de l'amour. En conséquence, j'évitais le plus grand monde pour n'être point aperçue et peut-être obligée de retourner à mon triste village.

Ce fut ainsi que six mois se passèrent sans que je visse personne que mon amant. J'étais assurément bien sage, car une femme doit être reconnue pour telle tant qu'un homme est seul à lui rendre ses hommages ; mais cela ne dura pas longtemps, le moment ne tarda pas à venir où mon amant ne put plus suffire à satisfaire tous mes désirs; après l'avoir épuisé de toutes manières, il fallut bien avoir recours à d'autres, et comme malheureusement pour lui, l'occasion se trouva des plus belles un jour, je ne manquai pas d'en profiter. Voici le fait :

Un jeune cavalier grand et très-bien fait (il était, je crois, capitaine d'infanterie), vint un jour chez la couturière, mon hôtesse, sous prétexte de lui donner à travailler, après avoir jeté un coup d'œil sur moi qui me trouvais là, dans lequel il mit beaucoup d'intérêt, le militaire engagea la conversation sur le ton le plus galant, manège pour lequel Messieurs les officiers ont un talent tout particulier. Il ne s'en tint pas là ; il me fixa si vivement que je baissai les yeux, ne pouvant soutenir la hardiesse de ses regards. Il ne s'en découragea point ; car ce fut ce qui l'engagea de proposer à la couturière d'aller lui acheter de la mousseline pour des manchettes, ajoutant qu'il avait donné ordre à une marchande qu'il nomma, d'en livrer autant, qu'il attendait son retour pour s'arranger avec elle ; la couturière, en fille zélée pour ses intérêts, se garda bien de refuser la proposition, courut chez la marchande, et me laissa seul avec le cavalier. Qu'on juge de mon embarras ! Je me levais de dessus ma chaise, je m'y remetttais, j'entrais dans mon cabinet, je revenais dans la chambre, ne sachant quelle contenance prendre. Sur mon air, l'officier jugea sans doute que ma conquête n'était pas difficile ; il me cajola quelque moment sans tirer de moi grande réponse. Alors pour chasser mieux ma timidité : Regardez-moi donc, me dit-il, mademoiselle, je vous en conjure ; je levais les yeux sur lui ; mais, ah ciel ! que vis-je alors ? dois-je le dire ? Oui, sans doute ; eh ! que ferais-je encore d'une pudeur importune ? Après ce que j'ai annoncé de mon état, elle ne saurait assurément me convenir. Eh bien ! ce que je vis, c'est un priape de la taille la plus majestueuse, en un mot le plus beau vit du monde. Ah ! Monsieur, m'écriai-je aussitôt, cachez donc cela, je vous en prie. Oui, ma reine, me dit-il, je veux bien t'obéir. Et en achevant ces mots, il me donna une claque de la main gauche sur les fesses et me coucha de la droite sur le lit. Finirez-vous bientôt, monsieur, lui dis-je avec assez de vivacité ? Dans l'instant ma mignonne. Aussitôt il me retrousse, s'empare de mon bijou, lui fait une caresse et l'enfile ; il s'agite avec fureur, me fout sans miséricorde, et m'inonde bientôt d'un torrent de liqueur amoureuse qui me remplit d'une volupté incomparable. Dieux ! quel fouteur infatigable! Son priape toujours en haleine courut sur nouveaux frais, mériter l'hommage que mon cœur et mon con ne pouvaient s'empêcher de lui rendre.

Cet homme avait de l'expérience avec les femmes, et savait qu'il est bon de le prendre avec elle sur un ton un peu cavalier.

Je fus contente au-delà de toute imagination. La liqueur spermatique sortait à gros bouillons des couilles brûlantes de cet aimable fouteur, et se communiquait à mes parties avec une ardeur et une telle volupté!... Grands dieux! que de plaisirs à la fois! je ne l'oublierai jamais; toute ma vie je me souviendrai de ce brave officier, et pour plus d'une raison, comme vous ne tarderez pas à le remarquer vous-même.

A peine étais-je sortie de dessous cet honnête homme, que je vis entrer mon amant. Nullement accoutumée à de pareilles surprises, je me trahis moi-même par la rougeur qui couvrit à l'instant mon visage : le trouble où j'étais lui fit bientôt et aisément soupçonner la vérité. Je tâchai néanmoins de me remettre, et je lui dis d'une voix embarrassée : Ah! vous voilà, monsieur, vous avez été bien longtemps en ville.

Sans me répondre, il se contenta de me regarder avec beaucoup de froideur.

— Ah ! Monsieur, je suis perdue, dis-je à l'officier.

— Comment, me répondit-il, cap de biouw ! *Je boudrai vien boire....*

Je crus ce mouvement fort naturel, et m'imaginai que mon premier amant allait être réduit en poussière.

Calmez-vous, lui dis-je alors, et je vis au moment même mon homme redevenir plus tranquille. Le fils du procureur était entré dans mon cabinet, et l'inquiétude où j'étais m'engagea à y entrer également, afin de l'amadouer et de chercher à le retenir. L'officier fit pendant ce temps ses affaires avec la couturière, et puis il décampa, sans chercher seulement à me consoler. Je ne l'ai plus jamais vu depuis cette époque.

Mon amant garda pendant le souper un morne silence : de mon côté, je ne le rompis point non plus ; j'étais trop simple pour penser à le faire. Il se coucha sur les neuf heures, et j'allai me mettre à l'instant à ses côtés, mais au lieu de me présenter comme à l'ordinaire, l'instrument de nos plaisirs dans une attitude brillante, mon amant me tourna grossièrement le derrière; je ne fis pas semblant de m'en apercevoir, et je restai tranquille. Hélas! je ne savais pas alors ramener un amant irrité : j'ignorai complètement l'art supérieur de forcer un homme à foutre malgré lui. Aussi cela n'est-il réservé qu'aux putains professés, tandis que moi, à cette époque de ma vie, j'étais encore à mon noviciat, et, comme vous pouvez fort bien vous l'imaginer, je payai chèrement mon ignorance.

Je songeai toute la nuit au petit *bonjour* que j'attendais, mais *néante*. Le lendemain je fus encore trompée, car je n'en reçus aucun. Je me contentai de soupirer jusqu'à midi. Mon amant revint alors gai et joyeux de la ville, et dit qu'il voulait me mener quelque part dans l'après dînée, où j'aurais bien du plaisir : ma réponse fut que je le suivrais partout : à peine me donna-t-il le temps de dîner et nous sortîmes sur les deux heures; il me conduisit par des chemins détournés dans une petite maison d'une entrée obscure. Nous montâmes ensemble dans une chambre presque nue : une seule table, deux chaises et un petit lit en faisaient tout l'ornement. A peine fûmes-nous entrés, qu'il ferma la porte à double tour : qu'est-ce que cela signifie, mon cher ami, lui dis-je? Pourquoi nous renfermer ainsi? Ne suis-je pas en ta compagnie? Cela est vrai, me répondit-il, mais je veux t'en donner une plus nombreuse. — Allons, Messieurs, s'écria-t-il aussitôt, il en est temps, paraisssez. Dans le moment même je vis sortir du cabinet voisin huit drôles des mieux bâtis, entre lesquels je distinguai un soldat, un garçon perruquier et un compagnon libraire. Tout le reste m'était inconnu, parce qu'aucun autre n'avait la livrée de leur métier. Quelle fut ma surprise quand le soldat vint me dire : allons, mon cœur, point de façons, sacrédieu, je bande comme un carme, et mort dieu, je vaux bien mon capitaine; il me prend à l'instant dans ses bras et me jette sur le lit. Je criais en vain au secours, mon amant était sourd à ma voix; deux de ses messieurs voulaient me tenir les mains : Oh! que non, dit le soldat, je veux la foutre, malgré elle, et je prétends que ce soit sans le secours de personne. A peine eut-il achevé ces mots, qu'il me saisit les deux mains de la gauche et me les joint sur la tête ; d'un coup de genou il me sépara les cuisses et me plante de la main droite le vit dans le con. Il s'agite après cela en vrai pandour, me foutit en plein trois fois de suite sans déconner ; puis il dit aux autres d'un air triomphant et moqueur : A vous, messieurs, faites-en autant si vous le pouvez. J'eus beau pleurer et vouloir faire la réservée, ces champions m'exploitèrent l'un après l'autre trois fois ; car c'était le taux qu'y avait mis le vaillant porteur de giberne sans fourniment.

Cette expédition faite : Eh bien ! Mademoiselle la putain, me dit mon amant, cela vaut-il bien un officier ? voilà sans doute assez de fouteurs que je vous amène, pour preuve de ma complaisance et de mon zèle, à prévenir et satisfaire la pétulance et l'ardeur de votre lubricité ; mais je ne prétends pas borner là ma vengeance, elle serait trop douce pour un con aussi goulu que le votre ; mon cœur et mon amour irrités en exigent une autre d'un genre bien différent : attendez-vous d'être avant qu'il soit deux jours à la Providence (maison de correction du Hâvre), vous et la foutue maquerelle qui vous a livrée : c'est ainsi qu'il traitait la pauvre couturière, qui lui avait fait le plaisir, de me retirer chez elle.

Mon amant me tint très-exactement la promesse qu'il venait de me faire; il me reconduisit chez moi au lieu de me ramener chez mon père, mais il ne me quitta pas un seul moment; je ne sais s'il le fit pour m'empêcher de parler à la couturière, à qui je n'aurais pas manqué de faire part de mon aventure, et dont le génie fertile en expédients eut apporté par son usage du monde, de ses peines et ses plaisirs, un secours aussi prompt que salutaire aux malheurs qui nous menaçaient.

L'obsession où nous étions, de la part de mon amant, me rendit tout avertissement impossible : le traitement indigne qu'il venait de me faire, ses menaces et je crois plus encore la disette de plaisirs que j'allais éprouver dans le couvent, que j'envisageais comme mon tombeau, me troublaient et répandaient dans mon âme et dans mon esprit l'humeur la plus triste et la plus mélancolique. Mon parjure amant était au contraire d'une gaieté charmante; quel contraste ! Aussi, la couturière qui ne savait à quoi attribuer tout ce qu'elle voyait, était-elle excessivement intriguée ; je m'aperçus de son inquiétude sans pouvoir l'instruire de rien ; elle cherchait les moyens de me dissiper. Il me fut impossible de sauver cette fille non plus que moi, malgré les envies que j'en avais, et elle fut enveloppée dans ma disgrâce. Mon père vint le lendemain avec un ordre de M. le procureur du roi pour m'enlever avec ma prétendue maquerelle, et l'on nous conduisit à la Providence ; c'est comme qui dirait les Madelonnettes ou Saint-Lazare à Paris.

On est surpris avec raison de voir paraître ici l'auteur de mes jours? Qui pouvait lui avoir dit où j'étais, et ce que je faisais? Pouvais-je soupçonner mon amant capable d'une action si noire? Il en était cependant l'unique et seul auteur, comme je l'appris alors de la bouche de mon père.

Ce coquin avait eu soin de faire savoir à mes parents par un de leurs amis que j'étais chez Trupador, couturière et maquerelle, rue de la Poissonnerie, et que je m'y livrais au premier venu; mon père qui ne soupçonnait pas ma cohabitation avec le fils du procureur, le regardait comme le plus honnête des hommes : sans lui, me dit-il, tu étais perdue pour toi et pour moi, ma fille, je lui ai, ajoutait-il, de bien grandes obligations.

Je me serais trouvée fort heureuse si mon père s'en fut tenu à ces réflexions; mais il voulait que je fisse pénitence, et sans consulter mon goût, il m'envoya sous bonne escorte dans un lieu de correction pour les femmes ou filles libertines. J'y fus accompagné de ma pauvre couturière, que je plaignais plus que moi ; je l'ai toujours chérie dès-lors, on en verra les preuves dans ces mémoires, et généralement parlant, qu'une putain a toujours le cœur excellent.

On a déjà vu avec quelle simplicité je m'etais abandonnée à mon scèlérat d'amant. Il est vrai que je lui étais infidèle, mais en était-il sûr : d'ailleurs, quand ma fidélité aurait été avérée, méritais-je un châtiment si sévère? Hé bon dieu! ce jeune homme était bien alors aussi bête que moi, s'il eut été tant soit peu instruit de ce qui s'appelle le bon ton, il aurait fait l'aveugle sur mes dérèglements. Ah! que ne fit-il comme certain jeune marquis parisien auquel j'avais donné la vérole, loin de s'en venger, il m'amena des pratiques, pour avoir, disait-il, des confrères : voilà ce qu'on peut appeler des gens qui aiment la multiplication des espèces! Vivent les courtisans pour les putains! Au diable les étudiants et leurs semblables! Je les hais souverainement depuis qu'un d'entr'eux m'a fait entrer à la maison de correction. Dois-je cependant être si fâchée d'y avoir été; qu'on juge par ce qui va suivre.

En entrant dans cette maison, je croyais être obligée de faire divorce avec tous les plaisirs; combien je me trompais; à la vérité le seul nom, l'idée seule du couvent, nous paraît emporter avec soi quelque chose d'austère, de rude qui se rapporte à la pénitence; rien n'est cependant plus faux que cette idée : il n'est aucun couvent peut-être qui ne soit un séminaire de l'amour : il est tellement révéré, que c'est dans les couvents que ces dieux forment sûrement les sujets les plus forts et les plus vigoureux. Les autres êtres ne connaissent que la simple nature ; ceux-ci connaissent la volupté. La volupté est une déesse, qui se déguisant sous le nom de nature, prend autant de formes qu'elle peut inventer. C'est elle qui anime tous les bons fouteurs. Car, tantôt elle fait soupirer pour deux gros tétons, tantôt elle nous présente le plus beau des cons, et demain elle nous offre un cul qu'on ne saurait voir sans l'adorer.

Cette déesse ne se plait véritablement qu'avec les moines et la moinerie.

Revenons à mon couvent. J'y vécus pendant quelques semaines dans la même simplicité que celle que j'y avais apportée; mais j'eus, lorsque j'en sortis, tous les talents d'une vraie putain.

J'ai fait tout le contraire de sainte Madelaine, qui de débauchée et femme publique qu'elle était, devint repentante, parce qu'elle y fût forcée par l'état affreux où son libertinage l'avait réduite ; quant à moi, je parvins à la perfection du putanisme à force d'avoir d'excellents modèles sous les yeux et des exemples dont j'ai fait mon profit.

J'avoue que je dois beaucoup à certaine sœur qui prit un soin particulier de mon éducation : je n'aurais jamais rien valu sans elle. Je fis connaissance avec cette bonne fille cinq semaines après mon entrée dans le couvent : voilà comment l'occasion s'en présenta.

On m'occupait presque toujours à faire de la dentelle. J'étais obligée, suivant les règles de la maison, d'en faire tant par jour : j'avais bien de la répugnance pour ce métier ; on lisait sur mon visage le peu de goût que j'avais pour ce travail. Sœur Prudence, *c'est ainsi que s'appellait la bonne sœur dont je viens de vous parler,* s'en aperçut ; tout aussitôt elle m'en fit publiquement des reproches très-durs, et me dit pour conclusion de passer dans sa chambre sur les quatre heures de l'après-midi du même jour ; je ne savais pas ce que cela pouvait signifier, et j'hésitais longtemps avant de me rendre à ses ordres; enfin je m'y déterminai, et sur les cinq heures j'allai chez sœur Prudence.

— Vous vous faites bien attendre, me dit-elle lorsqu'elle me vit venir de loin ; venez, ma chère enfant, que je vous embrasse.

Je ne m'attendais point à un pareil compliment.

— Je vous ai fait appeler, ma bonne amie, pour vous donner quelques conseils salutaires; mais avant que je vous les donne, dites-moi franchement et sans aucun déguisement, aimez-vous ce couvent? Ne seriez-vous pas charmée d'en être dehors? Vous souriez : ah ! petite coquine, je devine votre réponse. Eh bien, si vous voulez réellement être ma bonne amie, ce sera moi qui vous en fera sortir ; mais avant cela il faut que je vous éprouve, et je serais extrêmement fâchée de vous renvoyer dans le monde sans talent ; vous paraissez avoir le fond excellent, il ne s'agit que de le cultiver ; j'en prendrai le soin avec plaisir ; venez me voir tous les jours, et je vous promets que vous serez contente de moi.

Je n'avais pas lieu de me plaindre de sœur Prudence, car elle m'avait fort bien reçue; aussi le lendemain je fus plus exacte que la veille : j'allai la voir sur les trois heures et demie. En entrant dans sa chambre je l'aperçus négligemment couchée sur le bord de son lit; elle faisait semblant de dormir et de rêver, elle ne parlait qu'en soupirant; ses jupes étaient levées; je vis son bijou à découvert; il était surmonté d'une élévation flasque et ridée, j'en ai su la raison depuis; elle avait le doigt à l'orifice, et paraissait se donner du plaisir.

— Ah ! ma chère, ah ! ma tendre amie, disait-elle; oui, je t'aime, je t'adore.... je n'en puis plus.... je me meurs....

— Mon dieu, m'écriai-je ausssitôt.

— Qu'est-ce donc? répondit-elle en s'éveillant; qui est là.

— C'est moi, répliquai-je ma chère sœur; voulez-vous que j'aille chercher quelqu'un du couvent.

— Non, ma fille.... non, me voilà revenue.

Alors elle laisse tomber ses jupes et m'embrasse avec une vivacité sans égale.

— Je pensais à vous dans l'instant, me dit-elle. Ah ! que j'avais de plaisir ! Ne dites rien à personne au moins de ce que vous venez de voir ; car si je vous aimais moins, vous ne m'auriez point trouvée dans cet état.

Elle me fourra aussitôt sa langue dans la bouche, puis me prenant les tétons : qu'ils sont jolis ? qu'ils sont charmants ! dit-elle. Hélas ! que sont devenus les miens ? Elle me porta ensuite la main sur sa gorge, qui était d'une peau livide et tannée. Sœur Prudence n'avait pourtant que quarante ans, mais elle avait baisé pendant quinze ans et avait eu plusieurs enfants. J'appris tout cela dans les diverses conversations que j'eus dans la suite avec elle : il n'est donc plus étonnant dès lors qu'une femme peut avoir des tétons tels que je viens de les représenter et que son con fut dans l'état où je l'avais vu. Tout métier use, rien n'est plus certain : je n'ai aujourd'hui que vingt-huit ans, et je suis en vérité déjà plus à plaindre que ne l'étais alors sœur Prudence. Je ne pus m'empêcher de lui marquer l'étonnement où me jetais la comparaison que je faisais de ces pièces avec les miennes.

— Hélas ! me dit-elle, ma chère enfant,

à ton âge j'étais pour le moins aussi belle que toi, mais.... Adieu, mon amie ; va-t-en, je te conterai demain mes aventures, reviens au moins à la même heure.

Je n'y manquai pas, et Prudence me conta une grande partie de ses aventures ; on me dispensera de les joindre ici : je n'écris à présent que ce qui me concerne ; je dirai cependant en passant que cette fille avait été une grande libertine, aussi écoutais-je avec plaisir ce qu'elle me racontait : je me faisais expliquer par elle les endroits de son récit qui me paraissaient obscurs, et de cette façon je devins savante en peu de temps.

Toutes nos conversations se terminaient toujours par quelques plaisirs que nous nous donnions mutuellement. J'ai ouï soutenir quelques fois qu'il n'y a point de plaisir entre deux personnes du même sexe qui s'unissent, je promets que ceux qui sont de ce sentiment sont de faux docteurs.

J'ai passé une année entière à ne voir absolument qu'elle, et quoiqu'elle fut fanée, vilaine et maussade, j'ai toujours trouvé de nouveaux plaisirs entre ses bras : il est vrai qu'elle était ingénieuse à m'en procurer, le godmiché de nouvelle espèce qu'elle inventa est une preuve convaincante de ce que j'avance.

Nous nous servions depuis longtemps de godmiché tel que tout le monde le connait, je le lui mettais et sœur Prudence me rendait la pareille; mais nous ne pouvions ressentir toutes deux le même plaisir en même temps; c'était là cependant ce que nous aurions voulu.

Que fit sœur Prudence? Elle donna ordre à un ferblantier de lui faire son godmiché long de seize pouces, qui fut terminé par deux têtes de vit avec un ressort dans le milieu, qui du même coup fit couler dans les deux matrices le lait qu'on devait mettre dedans. Le ferblantier intelligent s'acquitta parfaitement bien de sa commission. La sœur revêtit le ferblanc d'un velours cramoisi, sur lequel elle attacha le plus de poils qu'elle put; on voit par cette attention avec quel soin sœur Prudence étudiait et suivait la nature; tout cela fut fait en moins de huit jours; le moment de l'épreuve vint, qu'il fut doux pour la nonne et pour moi! C'était pour nous un jour de fête la plus solennelle. J'eus rendez-vous à deux heures, je n'y manquai pas; je trouve la sœur en chemise, le lait chauffait. — Allons, mon cœur, me dit-elle, fais-en vite autant que moi et mets-toi sur le lit. Je ne me fis pas prier, je fus déshabillée en un clin d'œil, Prudence ayant rempli le godmiché. — Enfin, dit-elle en sautant sur le lit, nous allons avoir le même plaisir que si nous étions homme et femme; elle pose ainsi le docteur artificiel d'un côté dans mon con et se mit elle-même l'autre bout dans le sien; serre-moi, ajouta-t-elle, embrasse-moi bien.... pousse fort.... remue le cul.... il y est.... bon !... Hé bien, le sens-tu?... Je souffris un peu quand cette machine m'entra dans le con, sœur Prudence l'avait fait tailler sur le sien qui pouvait passer pour une porte cochère. Après bien des secousses, il put pourtant pénétrer; je sentis alors toutes mes parties chatouillées à l'excès, la sœur me voyant fort animée, passa la main derrière elle, lâcha tout à coup le ressort; le lait se mêla par ce moyen avec la liqueur spermatique, qui, sortant à toutes deux toute bouillante du con.... Grand dieu! quelle volupté nous ressentîmes.

Nous répétâmes ce petit jeu trois fois dans le même jour : est-ce trop? C'était une nouveauté bien intéressante pour moi.

Nous continuâmes ainsi pendant un mois, au bout duquel Prudence me dit qu'elle voulait m'instruire à fond : Croyez-vous, ajouta-t-elle, qu'on ne puisse prendre du plaisir que par le meuble du devant? Je répondis que je ne croyais pas la chose possible autrement.

— Je vois bien, poursuivit la nonne, qu'il faut encore quelque-unes de mes leçons ; apprends donc, ma mignonne, qu'il est une autre route pour le plaisir, aussi voluptueuse que celle du con pour le moins.... le cul, le croiras-tu, est cette heureuse et charmante route. Si tu avais été dans l'état où je me suis trouvée, tu avouerais sans doute malgré les préjugés, que la volupté est aussi grande de ce côté-là que lorsque l'on nous exploite par le con ; tu en conviendras si tu veux y réfléchir ; compare un instant les deux meubles; à peine nous a-t-on foutu une première fois que notre con vient propre à recevoir toutes sortes de vits. Loin de faire des efforts, l'homme en nous fourbissant une seconde fois, sent assez souvent qu'il entre de l'air dans le fourreau; le cul au contraire ne s'ouvre qu'avec peine et se resserre toujours parfaitement : il est toujours dans le même état; cela t'étonne, à ce qu'il paraît? Eh bien! je vais te prouver ce que javance; je vais t'y mettre le godmiché, et me le poser à moi-même, comme si l'on t'exploitait par devant; mais au lieu de pousser en avant, pousse au contraire en arrière. Quand l'engin sera entré je lâcherai le ressort, et tu en sentiras l'effet.

J'étais obéissante, je fis ce que Prudence exigeait; nous nous mîmes en posture, le bougre d'engin, tant il était gros, me blessa d'abord un peu, mais enfin il entra à force de patience; après nous être bien agitées Prudence lâcha le ressort; nous restâmes toutes deux immobiles pendant un quart-d'heure : le plaisir nous empêchait même de parler : nous revînmes enfin de cette ivresse. La chose faite je fus obligée d'avouer ce que Prudence m'avait soutenue.

Ainsi tous nos moments étaient marqués

par de nouveaux plaisirs. Je me serais cependant ennuyée dans ce couvent, si l'espérance d'en sortir ne m'avait pas soutenue. On a vu que Prudence m'avait promis de s'employer pour cela. Elle exécuta religieusement sa promesse. Nos plaisirs n'étaient point pour elle quelque chose de si sérieux qu'elle ne pensât à ma liberté. Elle fit parler sous main à mon père, qui ne fut jamais d'avis de me laisser sortir. Prudence ne pouvant rien faire de ce côté-là représenta à ses supérieurs que j'étais bien changée ; elle ajouta que me retenir plus longtemps serait me faire tort pour la suite. Cette bonne fille fit si bien que je sortis de la correction quatorze mois après y être entrée. Nous nous dîmes un adieu; on s'imagine assez de quelle façon. Mais, dira le lecteur, est-il concevable que dans une maison bien disciplinée une fille ait pu se donner tant de plaisirs ?

J'avoue qu'il est difficile d'ajouter foi à ce que j'avance concernant ce couvent ; mais qu'on fasse attention que toutes les démarches que je faisais étaient supposées faites pour mon instruction et pour mon avancement dans la pratique de la vertu et de la religion. Ainsi, toutes les fois que j'allais chez Prudence, c'était sous prétexte d'apprendre à travailler, c'était pour en recevoir les leçons de la plus austère sagesse : d'ailleurs, toujours plongée en apparence dans la dévotion, à peine souriais-je en public ; ce n'était que dans les bras de la bonne et aimable Prudence que je me déridais, que j'étais vive et gaie. C'était là le fruit des leçons de ma tendre amie, que de vertus simulées avaient élevée aux emplois de sa communauté comme des vertus supposées m'en firent sortir en ce moment.

En quittant cette maison j'aurais beaucoup souhaité qu'on m'eût rendu ma couturière; mais soit qu'elle manquât de protection, soit qu'elle ne sut pas se masquer suffisamment, ce qu'il y a de certain, c'est qu'elle fut condamnée à y rester encore quelque temps.

Me voici donc maintenant encore une fois libre. De quel côté tournerai-je mes pas et mes démarches ? Cela inquiète mon lecteur, j'en suis certaine. Sera-ce dans le pays de Caux ? Sera-ce au Hâvre, où j'ai essuyé tant de revers ? Est-ce là que j'irai m'établir? Nenni, je suis trop bien instruite pour le faire. Sœur Prudence, pendant mon séjour au couvent, m'avait conseillé, lorsque j'en sortirai, d'aller à Paris. C'est là qu'une putain est véritablement libre. Cette bonne fille était trop de mes amies pour que je ne la crusse pas. Je pris donc le parti de me rendre à Paris. Je fus chercher en arrivant un lit à St-Gervais, au Marals, où je restai trois jours et trois nuits comme c'est la coutume. Pendant le séjour que j'y fis, je cherchai condition; je ne trouvai qu'une vieille mégère, qui m'offrit très-peu de chose, qu'il fallait cependant accepter ou me résoudre à mourir de faim. La nécessité seule me fit entrer chez elle; car je n'étais point faite pour sympathiser avec cette bonne vieille, dont l'unique et journalière occupation était de prier Dieu. Ce métier m'ennuyait d'autant plus que je sortais d'une maison où je l'avais déjà fait malgré moi, et ma maîtresse m'entraînait toujours avec elle quand elle allait à l'église. Je me sais cependant bon gré d'y avoir été assidument, puisque si je ne l'avais pas fait, je n'aurais jamais été dans l'état brillant où la fortune m'a placée, ainsi qu'on le verra bientôt.

Je remarquai que chaque fois que j'allais à l'église j'étais constamment suivie par un drôle dont l'air seul annonçait déjà quel personnage c'était. Je ne songeai point du tout à lui, lorsqu'un jour il m'adressa la parole dans le sanctuaire ; il se pencha à mon oreille et me dit que j'étais bien aimable et que si je voulais il me ferait ma fortune.

Il en resta là pour la première fois, mais qu'on s'imagine toutes les réflexions que ce peu de mots me fit faire. Je fus quelques jours sans revoir mon individu, ce qui ne manqua pas de m'inquiéter beaucoup; enfin il vint un dimanche au même endroit me demander si j'avais un peu réfléchi à ce qu'il m'avait proposé. Je lui répondis que je n'y avais rien compris ; mais en peu de mots il m'eut bientôt mis au fait et éclairci le mystère.

Il dit entre autres que si je voulais quitter ma maîtresse, il me mettrait bien vite en état de pouvoir mépriser toutes les conditions du monde, puis il me demanda un rendez-vous, que je lui accordai pour le lendemain au marché d'Aguesseau ; je n'avais que ce temps-là à ma disposition pour lui parler. Mon drôle se trouva très-exactement à l'heure indiquée. Il fallut s'aboucher; pour mieux le faire, nous entrâmes dans un cabaret à côté.

— Allez chez votre maîtresse, me dit-il alors, demandez-lui votre congé, et venez me rejoindre ici. Je fis quelques difficultés à cet égard, mais il me peignit les choses avec tant d'attrait, que je ne pus résister à ses instances. Je revins donc chez ma maîtresse ; je plantai là ce que je venais d'acheter, et je lui dis qu'il me fallait sur-le-champ mon congé. Cette proposition la surprit un peu.

—Où avez-vous été ce matin? me dit-elle.

— Où j'ai voulu, répondis-je brusquement, et je sortis en même temps. Je m'en fus à l'instant retrouver mon maquereau; nous passâmes la journée ensemble. Le soir il ne voulut point me laisser aller, et il fit si bien qu'il m'entraîna chez lui, où je fis un souper bien maigre, qu'il fallut néanmoins payer amplement en couchant avec mon nouvel hôte.

Qu'on ne crie point haro sur moi en lisant ceci ; je couche, il est vrai, avec un homme que je ne connais pas, mais cet homme doit me mettre à l'aise. D'ailleurs il devait avoir des gants ; c'est le droit, pour ainsi dire, incontestable d'un vrai maquereau; qu'on ne me blâme donc point, je n'ai rien fait qui ne fut bien à sa place.

Mon drôle s'en donna le plus qu'il put; j'avoue franchement que je ne trouvai aucun plaisir avec lui. En effet, qu'on juge s'il était possible que j'en prisse : à peine bandait-il, il était comme tous les autres maquereaux qui exploitent autant de femmes qu'ils peuvent en livrer : il en avait besogné quatre ce jour-là même; on doit croire que le drôle était fort connu ; il goûta beaucoup de plaisir dans mes bras, sans avoir mon pucelage; il y avait cependant de quoi s'escrimer en m'approchant. Mon hôte eut grand soin le lendemain de me laver avec l'eau de cerfeuil, après quoi il me reteint le bijou avec des pommades propres à cet usage ; il remplit une vessie de sang de poulet dinde, et me la fourra fort adroitement dans le con. J'ignorais complètement à quoi tout cela devait me servir, je lui demandai donc pourquoi ces apprêts : C'est, dit-il, que si je n'agissais pas ainsi, au lieu de dix louis j'aurais tout au plus dix francs. Je dois vous mener demain chez un seigneur qui est fou d'un pucelage; il en paie quelquefois jusqu'à cinquante louis; je lui en fournis de temps en temps de semblables au vôtre; il s'agit maintenant de bien faire votre personnage; il faut faire l'Agnès, et quand il vous plantera son sacré docteur, criez comme si l'on vous égorgeait; c'est ainsi qu'on attrape ces messieurs-là. D'abord, je ne vous lâche pas à moins de trente louis, vingt pour vous et dix pour moi.—Vingt louis, répondis-je aussitôt en éclatant de rire, ah! viens, mon bébé, que je t'embrasse! Je suis prête à tout ce que tu voudras que je fasse. Je demeurai tranquille le reste du jour, il m'était défendu de me branler. Mon maquereau fut de ma part chez ma vieille maîtresse retirer mes hardes et demander mon argent. Pour ne point effaroucher cette dame, il prit la qualité de mon frère, ce qui lui fit donner tout ce qu'il demanda. Le reste du jour se passa de ma part avec bien de l'impatience. Je couchai encore ce soir-là avec mon maquereau, mais il ne me toucha point.

Enfin arriva cette grande et fameuse journée. Je me lavai encore le matin du haut en bas. Sur les dix heures nous prîmes un carosse, c'est-à dire un fiacre. Ah! l'infâme voiture! Et du faubourg Saint-Honoré nous allâmes rue de Cléry, quartier Montmartre; nous descendîmes à une porte cochère : mon maquereau y était parfaitement connu, car il monta tout droit chez le maître de la maison. J'attendais tranquillement que l'on m'appelât, lorsqu'un laquais vint insolemment me dire que je pouvais, si je voulais, monter chez Monsieur.

J'entrai dans un appartement magnifique; je vis que j'aurai affaire à un des plus grands financiers de la capitale. Prudence m'avait dépeint l'opulence de ces *prétendus honnêtes gens*. Je crus y reconnaître en lui tous les signes et les caractères qu'elle m'en avait donnés. Je ne me trompai point : il avait pour le moins cinquante ans, il était assis dans un fauteuil qu'il remplissait de l'ampleur de son embonpoint; du reste, il était, *ainsi que le sont presque tous les gens de cette classe aujourd'hui fort mal menée, en France surtout;* il était, dis-je, laid à faire peur, ce qui m'effraya d'abord un peu.

— Approchez, ma fille, me dit-il.

Je m'approchai humblement du fauteuil. — Que vous êtes aimable, poursuivit le lourd financier, en me passant d'une manière pesante la main par dessus la gorge. Oui, vous me plaisez beaucoup; revenez demain matin, je vous prouverai ce que je sens pour vous.

Au sortir de chez cet honnête homme-là je ne pus m'empêcher de témoigner le peu de goût que j'avais pour cette vilaine figure épaisse de la finance. Ma simplicité le fit éclater de rire, mais par des raisonnements mon maquignon parvint à me convaincre de la nécessité où j'étais de me livrer au financier.

J'appris alors l'altercation singulière que mon pucelage avait occasionné entre le montrant et l'acheteur : On se rappelle que le premier l'avait fixé à trente louis, ce qui étonnait un peu notre homme de finance, qui ne voulait pas entendre raison. Cependant, ce qu'il venait de dire en nous congédiant nous paraissait favorable; nous en tirions des conséquences flatteuses pour nos intérêts mutuels. Nous passâmes toute la journée à nous divertir et à former de beaux plans sur de telles espérances.

Le lendemain nous ne manquâmes pas de nous rendre chez lui à l'heure indiquée, et nous trouvâmes notre Crésus prêt à monter en carosse. Dès qu'il nous aperçut il vint de suite m'embrasser, en m'assurant qu'il allait me mettre dans un état brillant, mais qu'il exigeait de ma part une fidélité au-dessus de toute épreuve. Je promis tout ce qu'il voulut. Cependant mon maquereau le tira à l'écart et lui demanda son salaire; il l'obtint sur-le-champ, puis il nous quitta. Nous montâmes immédiatement en carosse, le financier et moi ; le chemin que nous fîmes ne fut pas de longue durée, car nous vînmes descendre rue Tiquetone à un premier.

Je vis un appartement superbe que nous parcourûmes ensemble; après avoir bien examiné et bien considéré chaque pièce, il me dit : Voilà, mademoiselle, votre propriété, tant que vous me serez attachée ; mais il faut surtout de la sagesse, c'est ce que je vous recommande avec la plus grande instance. J'avais formé le dessein de faire divorce pour jamais avec le beau sexe, j'y renonce en votre faveur. Prenez garde de me ramener à cette résolution.

Il allait me jeter sur un lit de damas écarlate qui se trouvait là, lorsqu'un laquais vint lui annoncer que mademoiselle Victoire le demandait, c'était ma femme de chambre.—Elle vient fort à propos, répondit grossièrement mon lourd amant, qu'elle entre. Cette fille entre tout aussitôt d'un air si modeste et qui respirait tellement la vertu, que je pensai mourir de honte à son aspect.

— Approchez, ma fille, lui dit le financier en ricanant, voilà la maîtresse que je vous donne; il ne tiendra qu'à vous d'être longtemps avec elle.

Cette fille me fit son petit compliment, auquel je répondis; elle eut ordre ensuite de revenir le soir même à sept heures au plus tard; après quoi elle s'en alla et nous laissa seuls.

Mon financier, avant de se retirer, voulut essayer mes talents. Je me souvenais parfaitement des leçons de son mercure : Je fis donc la difficile et je ne me rendis qu'après m'être assez longtemps défendue ; mais je fus enfin enfilée avec toute la peine que peut désirer le plus grand et le plus fort amateur de pucelages : mon Crésus ne vit guère, sans être émerveillé, couler du sang qu'il prenait pour un véritable présent de la nature.

Après m'avoir pendant au moins un grand quart d'heure, ou plutôt après m'avoir harcelée, il se leva enfin, me baissa mes jupes promptement, et appela ses domestiques, auxquels il commanda de faire approcher la voiture, et par le moyen de son équipage qui était leste, nous fûmes à la Rapée, où nous dînâmes ; le repas fut magnifique, rien n'y fut épargné, et nous fûmes servis très-splendidement. L'après-dîner se passa bien aisément sans doute, car nous ne revînmes chez nous que sur les huit heures du soir sans que je me fusse aperçue comment le temps s'était écoulé ; lorsque j'entrai dans mon appartement, je respirai une odeur des plus agréables qui m'annonçait un excellent souper : Qu'est-ce que cela signifie, dis-je à mon nouvel amant? Est-ce que nous soupons ici? Oui, mon cher cœur, me répondit-il en grossissant sa voix déjà tonnante naturellement, j'ai voulu te donner le plaisir de la surprise, je t'ai fait une maison complète, tes domestiques vont venir te saluer, je vais les faire appeler. Le signal fut bientôt donné et je vis paraître à l'instant trois personnes, parmi lesquelles je distinguai la femme de chambre que j'avais vue le matin ; elle avait pour compagnonne de service une femme âgée de près de 50 ans, c'était ma cuisinière ; un petit drôle de 12 à 13 ans, habillé à la houssarde, c'était mon laquais ; je reçus assez insolemment, comme je le devais, ainsi qu'il est d'usage chez une putain d'importance, les respects de mon petit domestique.

Cette cérémonie faite nous fûmes à table, et l'on nous servit un souper très-délicat et excellent, quoique frugal et sans prodigalité. Le rond financier m'avait fait apporter tout ce qu'il me fallait en linge de table et en argenterie, tellement que ma maison dans son genre pouvait passer pour honnêtement étoffée. Nous ne fîmes pas grand honneur au souper, la conversation roula principalement sur la belle découverte qu'il s'applaudissait d'avoir fait en ma personne : je ne répondis à ses compliments que par un silence modeste à l'excès. Nous ne sortîmes de table que pour nous mettre au lit ; je ne détaillerai point les plaisirs de cette première nuit, parce que je n'aime pas les répétitions trop fréquentes; mon amant me fouta trois coups; je trouve cela bien passable pour un homme de son âge. Quand le jour parut il fallut se dire adieu. Le Crésus le fit sous condition expresse de me revoir l'après-midi; il me laissa dans mon lit, mais il eut soin cependant de me donner une bourse de 25 louis, pour subvenir, disait-il avec un air de satisfaction, à la dépense du ménage, ce que je trouvai très-gracieux; après cette bonne galanterie, mon amant courut à ses affaires; je ne me levai que pour me mettre à la toilette, où j'eus lieu de connaître les talents de ma femme de chambre : elle me coiffa dans le dernier goût; au sortir de ses mains je me sentis plus de vanité que jamais.

Sur les trois heures de l'après-midi, j'entendis deux carosses s'arrêter à ma porte, ce qui m'étonna un peu ; je n'étais point encore faite alors au grand monde; ma suprise augmenta bien davantage quand je vis quatre messieurs; je craignis quelque mésaventure, parce que sœur Prudence m'avait parlé quelquefois de la Salpétrière et des enlèvements qui se font à Paris par ordre de la police; je n'étais pas aguerrie encore, mais ma crainte se dissipa complètement quand je vis entrer ces messieurs avec trois dames dans mon appartement. Mon amant avança le premier, il s'aperçut de mon étonnement.— Etes-vous fâchée, me dit-il en appuyant sur toutes ses paroles, de la bonne compagnie que je vous amène? Tout ce monde entre aussitôt après lui. On s'imagine assez, je crois, les compliments que demande une première visite; je me contenterai de dire qu'ils furent fort longs; nous ne les finîmes, en un mot, que pour nous mettre à une table de Pharaon, je ne savais pas ce jeu-là non plus qu'aucun autre, ce fut donc ma première leçon. Une des trois dames s'occupait avec mon amant à faire une partie au loto; tel fut le premier établissement d'une académie que je continuai toujours depuis. Quand je ne jouais pas j'allais au spectacle ; mon amant me donnait tout ce qu'il me fallait.

Sûrement j'aurais été fidèle, je le sens, si je n'avais vu constamment que mon financier, mais il m'amenait souvent des hommes mieux faits que lui. Me croit-il donc sans discernement et ne devait-il pas savoir qu'aucune de mes chères consœurs les putains ne tiennent contre ces physionomies heureuses qui sont faites pour charmer ? C'est ce que j'éprouvai à la vue d'un jeune seigneur qui était de la compagnie ; à peine l'eus-je envisagé que je désirai d'être à lui ; il était fait à peindre, grand et bien bâti, des yeux noirs à fleur de tête, surmonté de deux sourcils de la même couleur, bien fournis, des joues bien remplies, des lèvres vermeilles, une jambe faite au tour ; comment un homme de cette façon pouvait-il manquer d'être aimé ? Je souhaiterais avoir à faire l'éloge de son esprit, mais il n'en avait pas. Eh bien ! en était-il moins aimable à mes yeux ? Bon ! une véritable et bonne putain n'aime que le plaisir, Vénus et la volupté, que l'on satisfait très-bien sans esprit, souvent mieux avec des hommes dont le génie n'est pas si sémillant qu'avec ceux dont la conversation et la compagnie sont si instructives et amusantes. Celui dont je parle venait chez moi presque tous les jours, avec une froideur qui me faisait peine; j'aurais souhaité qu'il m'eût distinguée des autres femmes. J'avais beau l'agacer, rien ne l'échauffait, je ne pouvais me cacher l'amour que j'avais pour lui, tout le monde s'en apercevait; il paraissait être le seul qui fermât les yeux là-dessus. J'avoue que cette indifférence me mit absolument hors des gonds; je ne concevais pas comment le comte, car il l'était très-réellement, pouvait s'empêcher de répondre à mon amour. Je me croyais pour le moins aussi aimable que lui, mon amour-propre y était offensé, et il y allait de ma gloire de faire rendre les armes au comte. Toutes les femmes, et particulièrement celles de mon éminente profession, sont faites ainsi : Plus on est indifférent pour elles, plus elles cherchent à se faire aimer, elles mettent même audacieusement tout en usage pour cela.

C'est en effet ainsi que je pensais quand je résolus d'écrire au comte ; je n'étais pas embarrassée de lui faire tenir une lettre; j'avais une amie rue du Petit Lion, qui était entretenue par un financier, ami du mien; je lui fis part de mon dessein qu'elle combattit longtemps, mais enfin, voyant mon entêtement, elle consentit à remettre au comte le billet suivant :

« On vous aime et vous êtes froid à l'extrême, on tâche de vous faire parler et vous restez toujours muet. Une femme, quelle singularité! est enfin forcée de vous écrire pour vous apprendre l'empire que vous avez sur elle. La devinerez-vous? J'appréhende que non, j'aime donc mieux vous dire que la Morancourt vous adore. »

Le billet fut très-fidèlement remis, il le reçut et en fit la lecture avec plaisir, il se reprocha de ne m'avoir pas prévenue : le commerce que j'eus avec le comte pendant six mois me dédommageait bien agréablement de mon aversion pour le financier. Ce commerce aurait sans doute duré bien plus longtemps encore sans une catastrophe à laquelle nous donnâmes tous les deux occasion, sans cependant l'avoir méditée d'avance.

Un jeune abbé poupin, grand connaisseur en filles, m'avait lorgné au spectacle; il fit si bien qu'il eut dès le lendemain son entrée libre chez moi ; à l'entendre il brûlait du plus constant amour, aussi mit-il tout en usage pour m'en convaincre. Il s'aperçut à merveille de la cause de mon insensibilité pour lui et se douta de mes intrigues : il ne mit guère plus de huit jours à les connaître à fond ; les disciples de l'Eglise ont le diable au corps, surtout quand il s'agit de faire du mal. Celui-ci persuadé que j'en voulais au comte, m'en parla d'un ton amer ; il eut même l'insolence de me dire que si je ne lui accordais pas bientôt mes faveurs, il allait tout dévoiler à mon amant.

Je ne répondis à ces grossières menaces que par un air de hauteur, de mépris; je fis part au comte de mon aversion pour l'individu au petit collet.

Ils se trouvèrent tous deux chez moi le lendemain : C'était un plaisir que de les voir : ils se dévoraient des yeux, ils restèrent jusqu'à huit heures et demie. J'appris le lendemain par la bouche du comte qu'il avait vengé sur les épaules de l'abbé l'insolence qu'il m'avait faite.

Je ne fus on ne peut pas plus surprise, lorsque deux jours après cette scène qui m'avait tant égayée mon brutal financier vint m'aborder d'un air sec, il me parla du comte, il me dit à ce sujet qu'il était instruit de tout, et que si je ne renonçais pas à le voir, il n'avait qu'à m'entretenir.

Ma réponse ne fut autre chose qu'un torrent de larmes : elles firent tant d'impression sur mon imbécile financier, qu'il me fit mille excuses et convint son tort.

Je le laissais aller après ces bonnes paroles ; mais si, en ce moment-là, j'avais tenu le scélérat d'abbé en question, j'aurais certainement exercé quelque cruauté sur lui.

Je me creusais la tête pour y trouver un remède, je crus l'avoir découvert en permettant à l'abbé ce qu'il me demandait depuis si longtemps,car il venait toujours chez moi, et l'on peut bien s'imaginer à quel dessein.

Un jour qu'il y était, tandis que les autres jouaient, je l'emmenais dans mon cabinet de toilette, je le regardai et lui tins ce discours.

— Monsieur, vous m'avez fait le plus grand outrage que l'on puisse faire à une femme. Vous m'avez empêché inhumainement de voir le seul homme que j'aimais au monde : il faut que vous me rendiez à lui, ou bien vous vous repentirez amèrement de m'avoir offensée. Si vous êtes dans la bonne intention de me rendre service à cet égard, vous pourrez compter sur toute ma reconnaissance. Il voulut se dissimuler qu'il eut instruit le financier de mes intrigues : je l'en fis pourtant convenir ensuite. Alors il me promit la réparation la plus complète.

J'attendais avec la plus vive impatience le résulat de ma harangue, quand quelques jours après mon financier vint me trouver : il avait un air de conquérant. Il me trouva au lit, et commença par me donner des petites marques de tendresse; il vint ensuite me cajoler à ma toilette. Après mille agaceries il me dit : La bonne conduite triomphe de la calomnie. Sois toujours sage, je me repose sur toi, je veux même que dès aujourd'hui tu ailles chez ta bonne amie la Duttey, c'était le nom de mon amie ; le calomniateur qui vous avait noircis tous deux, toi et le comte, s'est aussi démenti à son sujet.

Je fis à mon gros lourdaud une petite remontrance sur ses faux soupçons.

Après le dîner il tint parole : il fit venir un carosse sur les quatre heures; il allait au spectacle, et en passant il me mit chez ma bonne amie.

J'entrai brusquement. Quelle fut ma joie d'apercevoir mon cher comte ! Ah ! vous voilà ! lui dis-je en lui sautant au col. « Bonne nouvelle ! nous pouvons nous voir, viens que je t'embrasse. » Tous deux également charmés de me voir, ils cherchaient la cause de ce bonheur, je la leur appris en deux mots : je leur détaillai toutes mes démarches. Je ne cachai pas même au comte la petite récompense que j'avais promise à l'abbé.

—Oh ! tu verras comment je m'acquitterai de ma promesse, l'abbé en sera la dupe, c'est une victime qu'il faut que j'immole à tout mon ressentiment.

C'est ainsi que je raisonnais lorsqu'on frappa à la porte, le comte se cacha dans la ruelle d'un lit qui était dans la chambre; la précaution était sage, car celui qu'on annonça fut mon financier. Il venait nous voir un instant : et comme des excuses qu'il devait à la Duttey étaient le vrai but de sa venue. Sur les 10 heures il résolut de s'en aller, et voulait me remettre chez moi.

Nous continuâmes de nous voir ainsi, le comte et moi, pendant quinze jours. Durant tout ce temps-là je voyais toujours mon abbé : il attendait la récompense promise, il crût qu'il était de son honneur de m'en parler, il le fit avec ses menaces ordinaires. Je l'appaisai en lui disant que mon financier allait la semaine suivante à la campagne et qu'il aurait pour lors sa récompense ; il apprit que mon financier allait partir pour quinze jours, il en triomphait. Il vint deux jours après cette heureuse nouvelle dans mon cabinet de toilette, où il me parla d'une partie de plaisir qu'il devait faire à quelques lieues de Paris : Des petits maîtres de cette ville, car elle en abonde, devaient y mener leurs maîtresses et s'y rejouir avec elles. C'était là enfin où je devais lui accorder ce qu'il me demandait depuis si longtemps.

Quelques jours après je priai le comte de m'acheter lui-même une bonne et copieuse dose de Nenuphar ; vous serez témoin de l'usage que j'en ferai.

Huit jours après mon financier s'en fut à la campagne, il me fit les plus tendres adieux, car la dernière nuit que je couchai avec lui, il me baisa quatre fois en plein, c'est-à-dire, que mon pauvre bijou suça quatre fois dans cette même nuit un des plus vilains vits que j'ai vue et maniée dans toute ma vie, et dieu sait pourtant quel nombre prodigieux de ces instruments m'ont passé dans son voisin, non compris encore tous ceux que j'ai travaillé de la main. Bref, le financier me quitta en me laissant 30 louis jusqu'à son retour. La somme me parut assez honnête, aussi l'en remerciai-je avec toutes les apparences de l'amitié la plus sincère. L'abbé avait eu grand soin d'épier le moment où je serais seule. Il vint me prévenir que la partie aurait lieu le jeudi suivant.

Enfin arriva ce grand jour tant désiré, que l'abbé croyait être pour lui un jour de triomphe : il vint me prendre sur les deux heures de l'après-midi dans un carosse de remise qui nous conduisit au château d'un très-grand seigneur, à quelques lieues de Paris. On nous introduisit d'abord dans une grande galerie, où il y avait six tables de jeu; personne ne se dérangea. C'est la première loi de ceux qui aiment bien le plaisir et les amusements : rien n'est en effet aussi ridicule que de se gêner.

Mon abbé, après avoir bien considéré la compagnie, me dit : Vous ne m'avez point averti que Monsieur le comte serait ici : je ne m'étonne pas si vous y êtes venue. Je lui protestai que je ne savais pas ce qu'il voulait dire; je lui proposai même de sortir. — Non, répliqua-t-il, mais promettez-moi que vous ne le mettrez pas de vos plaisirs.

Je le lui promis. Cela fut la cause qu'en visitant les beautés du palais enchanté que nous habitions, il me laissa la liberté de dire un petit bonjour de civilité indispensable au comte, à qui je fis entendre de me remettre le Nenuphar en question dont il s'était chargé d'en faire l'achat. Il me fit comprendre par un sourire que j'allais être satisfaite.

Effectivement, un instant après il m'en fit faire la remise sous enveloppe par une dame de la société, qui me tira à cet effet dans le coin d'une croisée, elle me glissa adroitement la dose, sans que notre apprenti vicaire de St-Pierre s'en aperçut.

Munie de ma maligne drogue, je tins toujours fidèle compagnie à mon calottin. il était enchanté de ma conduite. Nous nous promenâmes dans le jardin jusqu'à huit heures. Une cloche nous rappelle dans l'appartement, c'était le signal dont on était convenu pour indiquer l'heure du plaisir. Je comptais quarante personnes, sans les laquais et les femmes de chambre qui devaient nous servir.

Le maître du logis dit alors à toute la compagnie qu'il fallait se préparer au souper, et il ajouta que les cavaliers devaient connaître leur devoir. Aussitôt tout le monde défila et passa dans différents cabinets, où chacun se déshabilla. Des laquais viennent s'informer qui étaient ceux qui voulaient être en chemise de taffetas; nous étions vingt femmes, il y en eut huit qui en acceptèrent, les autres méprisèrent les ornements inutiles. Je fus de ce nombre.

Parmi les hommes, il n'y en eut que trois qui prirent le taffetas, desquels était mon petit collet : il faisait cela sans doute par un reste de pudeur.

Sur les neuf heures, on donna un second coup de cloche pour se mettre à table. De quarante personnes que nous étions, vingt s'assirent à deux tables dressées dans un salon magnifique, les autres vingt devaient prendre leurs ébats pour amuser ceux qui mangeaient et leur faire passer le temps plus agréablement.

Je ne ferai point le détail minutieux des mets qu'on nous servit, tous étaient bons et échauffants. Pour abréger, jamais je n'ai fait repas plus voluptueux et plus délicat; le salon était une pièce admirable, parfaitement carrée, ayant vue d'un côté sur le jardin de la maison et de l'autre sur la campagne. On avait eu soin de poser le long des murs vingt petits sophas, ce qui doit suffire, je pense, pour démontrer au lecteur la grandeur du salon; il n'y avait des chaises que pour ceux qui étaient à table; on avait posé aux quatre coins du salon quatre fontaines qui coulaient dans de grandes écailles de marbre blanc, au fond desquelles on trouvait du romarin, des œillets, du jasmin et de la lavande; ces herbes, trempées des odeurs suaves qui coulaient des fontaines, servaient à ceux qui venaient de combattre pour leur purification. Deux domestiques de différent sexe et dans l'aimable abandon de la simple nature se tenaient à chaque fontaine, chacun une serviette à la main, qu'ils présentaient dans l'occasion requise ; on avait eu aussi l'industrie de mettre quatre grandes glaces un peu penchées, elles étaient là pour rendre tous les objets à la vue de ceux qui mangeaient, pendant que d'autres s'excitaient à la jouissance en courant l'un après l'autre et en se fuyant mutuellement, comme s'ils se fussent craint.

Toute l'assemblée veillait attentivement sur les démarches de deux enfants. Nous vîmes d'abord qu'ils se furent joints, le garçon s'approche de la fille et place son corps le long des côtes de celle-ci, un instant après, levant ses pieds de terre, il saute sur le dos de sa proie qu'il saisit avec ses deux mains ; il approche ensuite le plus qu'il put le bas de son ventre du cul de la fillette et fit faire à cette partie des petits mouvements très-prompts, dont l'issue ne paraissait pas très-équivoque. Elle n'avait plié ses jambes que fort peu, elle put donc aller en avant et lui échapper; ce même instant ne nous fit voir aucune agacerie de la part du petit égrillard, c'est-à-dire de la part du petit garçon, car la péronelle se conduisit toujours en fille modeste; mais le moment d'après nous commençâmes à observer tout le jeu que nous avions déjà vu et qui fut répété à bien des différentes reprises; l'égrillard, après s'être muni l'estomac de quelques bonbons. Le chaud amant qui s'aperçut peut-être que le moment favorable était arrivé, se jeta avec une nouvelle ardeur sur sa maîtresse qui, pour la forme parut vouloir s'échapper. L'égrillard passionné tint ferme et ne l'abandonna pas; la donzelle se vit alors contrainte de céder, en fut pour une fouterie qui ne finissait pas.

On voyait aussi aux deux extrémités de ce salon, deux tablettes dorées et surmontées d'un groupe de fouteurs en sculpture. Dans chacune de ces tablettes on avait réuni une collection d'ouvrages dramatiques et autres, propres à inspirer du goût aux personnes qui composaient cette fête superbe.

Pour ne laisser rien à désirer aux lecteurs de l'invention générale d'un pareil amusement, qu'il voie le grand Catalogue de la bibliothèque des fouteurs, divisé en deux parties : La première remplie par l'histoire et la poésie érotique, l'autre était uniquement consacrée à la dramaturgie du même genre.

On n'avait pas omis de placer des tablettes en musique, sur lesquelles on avait eu soin de noter, comme une espèce de vaudeville, les paroles suivantes :

CHANSON.

Foutons tous tant que nous sommes
Et laissons-nous foutailler ;
Le plus grand plaisir des hommes
Réside en ce seul métier.
Faisons si bien que la fouterie,
Avant la mort,
Nous serve toujours pour l'autre vie
De passeport.

Ce couplet avait été distribué à tous les convives en entrant, par ce moyen tel foutait qui chantait et tel chantait qui bandait à l'aise. Peut-on rafiner au dessus de pareilles galanteries! Tous ceux qui voulurent foutre s'emparèrent des sophas. Je n'avais garde d'en prendre un, je voulais faire auparavant un tour de mon métier.

Nous nous mîmes vingt personnes à table, il n'y avait que deux femmes et mon abbé en chemise de taffetas. Lorsque tout le monde fut placé on convint qu'à chaque service chacun visiterait les pièces de son voisin pour voir leur état, et que celui qui débanderait serait condamné à recevoir de chaque convive trois chiquenaudes sur le bout du vit. L'abbé, qui bandait comme un carme, s'apprêtait à rire bientôt aux dépens de quelqu'un; mais au premier verre qu'il voulut boire, j'eus soin d'y mettre du Nenuphar, je lui tâtai ensuite le priape, il l'avait des plus bandants de la compagnie; je redoublai en conséquence la dose tant et si souvent que j'en vis bientôt l'heureux effet; car nous n'étions pas encore au troisième service que le pauvre calottin ne dressait déjà plus. Je me rendis alors sa dénonciatrice; il fut obligé de montrer son pauvre nerf, qui était mou, flasque et froid comme une glace. L'abbé fut condamné tout d'une voix, il ne se démonta cependant point, et nous dit, du ton le plus assuré, que plus d'une femme serait exploitée ce soir-là même par ce vit qu'on critiquait avec tant de fureur, et qui ne se reposait en ce moment-là, ajouta-t-il effrontément, que pour mieux jouter. Il eut beau faire pendant tout le reste du repas, ni les artichauds frits, ni le vin de champagne, ni même les liqueurs les plus propres à porter dans son sang l'ardeur de la volupté, ne lui rendirent sa première vigueur.

Il commençait à enrager vers le milieu du dessert, il fixait les yeux sur tous les miroirs pour mieux s'exciter. Rien, il est vrai, n'était plus propre à faire bander, car par le moyen d'une seule glace on réunissait quelquefois toutes les scènes de fouterie de la salle. Les uns foutaient en con par goût, d'autres foutaient en cul par un prétendu rafinement de volupté, celui-ci appliquait sa bouche sur les lèvres d'une femme, ou pour s'exprimer énergiquement lui pompait l'âme avec vivacité; celui-là penchait négligemment sa tête sur celle de sa maîtresse, et lui dérobait un baiser sur l'œil, ou bien lui suçait un téton. Les uns se branlottaient le vit et le con, tandis que d'autres enfin foutaient en tétons. Le pauvre abbé avait beau regarder ces tableaux vivants, rien ne lui rendait ce qu'il avait perdu.

Vers les onze heures et demie, il fallut pourtant faire place aux fouteurs fatigués et devenir nous-mêmes de nouveaux athlètes. Tout le monde se leva de table, on conduisit le pauvre abbé tout honteux dans la galerie, on se partagea en deux bandes qui se rangèrent sur deux lignes et le champion impuissant fut condamné à passer trois fois dans le milieu pour recevoir la petite galanterie dont on allait le gracieuser; il reçut par ce moyen 117 pichenettes qui ne le firent pas mieux bander qu'auparavant, après quoi l'on retourna au salon. L'abbé devint alors le sujet de la conversation, et le pauvre diable confus et décontenancé se mit sur un sopha et tâcha de s'escrimer de son mieux auprès de moi, mais il eut beau faire, après avoir passé une demi-heure entière à se tourmenter et me tracasser sans en devenir plus chaud pour cela, il fut forcé sur le minuit de se retirer comme s'il eut été un nouvel Abeilard.

Pour lors aussi dégoûtée qu'ennuyée de ses froides caresses, j'appelai le comte, mon cher amant. Autant vaut lui qu'un autre, ce qui démonta tellement l'abbé qu'il sortit du salon avec fureur, alla reprendre ses habits et s'en revint à Paris dans le courroux le plus violent. Oh ! qu'un homme est piqué, furieux, quand il voit la nature se refuser ainsi à ses désirs, l'emportement devient sa passion favorite.

Vers les trois heures on leva toutes les tables, et chacun courut aux différentes fontaines se purifier, pour se préparer ensuite à un bal qui se donnait dans la galerie. On y dansa tel qu'on était, c'est-à-dire tout nus; mais on n'y apporta pas la même vigueur, car on n'y voyait plus que des vits pendants et imperceptibles, tant ils étaient exténués par un trop grand exercice. On espérait que la danse remettrait un peu ces machines détraquées dans une heureuse bandaison pour la fin du bal; mais une fois livré à Terpsichore, on ne pensa plus à Vénus. On se réjouit ainsi jusqu'à six heures du matin, et pour lors chacun fut reprendre ses habits et se rafraîchir modérément aux fontaines; ce qui fut bientôt fait. Vers les huit heures on présenta le déjeuner à ceux qui en voulurent, mais peu de personnes l'acceptèrent, parce que les plaisirs de la nuit exigeaient plus de repos que de nourriture. Tout le monde défila peu de moments après, et le comte et moi fûmes des derniers.

Il me mit dans son carosse avec Mme L. D. de L. V. Nous remîmes cette dame dans son hôtel faubourg St-Germain, après quoi le comte me conduisit chez moi. Je ne le priai point d'y rester, attendu le repos qu'il me fallait aussi bien qu'à lui.

Qu'on ne s'étonne donc pas si je ne recevais pas mon cher comte chez moi, puisque j'avais la commodité de le voir chez ma bonne amie; ce parti était plus sûr. Aussi y fus-je pendant le reste du temps que mon financier était à la campagne.

Il revint le samedi de la semaine suivante. Il m'envoya avertir de rester le lendemain chez moi, il fallut obéir. Je l'attendis le dimanche jusqu'à trois heures qu'il arriva tout en colère, en me jetant un billet au nez et me disant brusquement : Lisez ! On apprenait au financier la charmante partie de plaisir que j'avais faite, on lui nommait le comte, on l'assurait qu'il m'y avait caressée, exploitée et baisée à son gré ; on ajoutait enfin qu'il pouvait s'en informer au D. de L. V. et au D. L. qui étaient de la même partie.

Après lecture, le financier me dit : Il faut, mademoiselle... il faut prendre un parti, vous savez comment j'en ai agi avec vous jusqu'à présent ; si vous ne faites divorce avec le comte et la Duttey, c'en est fait, je vous quitte, consultez vos intérêts.

Je promis au financier d'exécuter ses ordres, je fis même une lettre pour le comte, qu'il se chargea de lui remettre. Que cette lettre me coûta.

Mon financier parut content. Mais il n'en resta pas moins froid, et, comme vous le savez bien, de la froideur à l'inimitié il n'y a qu'un pas à faire, je l'éprouvai bientôt ; il ne tarda pas à m'arriver une petite aventure qui compléta entièrement le dégoût mérité que le rebutant financier avait déjà ressenti pour moi. Un soir que j'étais au spectacle, je fus me placer à côté d'une dame de la première distinction. Ne la connaissant pas, je la regarde de haut en bas. En entrant dans la loge, je ne la saluai point, je la priai seulement avec ce ton d'insolence ordinaire à des personnes de notre profession, de me faire de la place. Cette dame, qui était extrêmement modeste, me répondit que je tombais mal, qu'il me fallait prendre une loge pour moi seule. — Oh ! que non, madame, je serais privée du plaisir de votre compagnie.

En prononçant ces mots, je passai insolemment dans la banquette, où, pendant le spectacle, j'insultai cette dame, qui était si simplement mise que je la prenais pour une femme de chambre, et pour la punir de ce qu'elle se trouvait avec moi, je résolus de la faire enrager. Tantôt je lui cachais la vue de la scène, tantôt je lui marchais sur le pied par une distraction apparente; je poussai ce jeu si loin que le parterre s'en aperçut. On rit beaucoup à nos dépens, c'est ce qui me fit dire à la dame inconnue en sortant : Sans avoir affiché de comédie, vous venez, madame, d'en donner une fort belle. Je revins fort tranquillement à la maison l'esprit plein de la pauvre dame, que je m'applaudissais hautement d'avoir fait endêver. Deux jours après un exempt vint m'avertir charitablement de décamper lestement si je ne voulais pas être mise, pour me distraire, à l'hôpital général.

Il me dit que j'avais eu affaire à une princesse la D. de B., qui s'en était plaint fort amèrement à monsieur le lieutenant de police, et qui, pour la satisfaire, allait donner ordre de m'arrêter.

Je remerciai l'exempt comme je le devais. Je pris sur-le-champ ma course, et me fis descendre chez mon financier, à qui j'appris mon infortune. Toute sa réponse fut une bourse de 25 louis.

— Tenez, ajouta-t-il, voilà de quoi déloger, tâchez d'être plus sage à l'avenir. Voilà la dernière de mes faveurs.

Je voulus ramener le bonhomme, mais il avait pris définitivement son parti ; je le quittai en lui débitant mille sottises et en lui donnant toutes sortes d'imprécations : C'est ainsi la vraie manière dont en agissent les putains, lorsque pour leur malheur l'entreteneur ne veut plus continuer d'être leur dupe.

Un jour en passant près de ma marchande de modes. Jugez de ma surprise en y voyant mon cher comte. Ah ! quel plaisir ce fut pour moi de le voir ; mais hélas !

pourquoi empoisonna-t-il ce doux plaisir? Il me dit qu'il venait de se marier depuis huit jours. Un coup de foudre eut été moins terrible pour moi que ne le fut cette nouvelle accablante.

Je sortis alors brusquement et je jurai tout haut et tout bas de ne plus jamais aimer avec tant de délicatesse. Sans ce funeste amour pour le comte, ne continuerai-je pas à brosser les louis de mon bonhomme? Oui, prenons mieux le tour en vraie et bonne putain.

J'adoptai en effet ce système, et je le poussai si loin, que je ne voyais et ne recevais plus personne que pour foutre, et pourvu que ce fut pour cette occupation là je recevais indistinctement tout le monde : Beau, laid, grand, petit, contrefait ou bien fait, jeune ou vieux, n'importe; tous indifféremment avaient entrée chez moi. Il ne me fallait rien moins qu'un grand nombre de vits pour me faire oublier le priape chéri de mon adorable comte, aussi tins-je bordel ouvert : Je permettais à tout fouteur de m'enconner.

Parmi ceux qui me voyaient le plus fréquemment, était un colonel d'infanterie, qui, étant devenu tout à fait amoureux de moi, me proposa de le suivre à Rouen, où son régiment était en garnison.

On sait du reste qu'une putain, sauf les plaisirs du canapé, n'aime rien tant que de voyager, et que tout pays lui est égal, pourvu que monsieur son cul et son voisin le plus proche soient abondamment humecté. Je vérifiai ce proverbe en suivant mon colonel dans sa garnison.

Arrivée dans cette ville avec mon brave colonel, j'eus tout le temps de me livrer aux plaisirs : Bals, comédies, concerts, promenades, partie fines, soupers fins et délicats, rien ne coûtait à mon nouvel amant ; tous les jours il était ingénieux à me témoigner sa tendresse. Il savait qu'une fille de mon état se prend par les sens, aussi répondis-je on ne peut pas mieux à toutes ses bontés, je dis bontés, car c'est le seul nom que l'on puisse donner à la folie des hommes quand ils ne s'attachent qu'à des putains, comme font en Europe presque tous les grands seigneurs et leurs singes *parvenus*, encore plus méprisables qu'eux à cet égard, quoique cependant en général la noblesse attire moins les respects du peuple que leur haine.

Mon colonel, pour m'assurer mon existence, voulut que je me mette au nombre des comédiennes de Rouen. Je sais parfaitement aujourd'hui combien ce brillant état m'eût été avantageux, à cause de ma qualité de femme entretenue, dont les privilèges sont très-considérables, surtout quand elles tiennent à la comédie, mais lorsqu'on me le proposa, je regardai cela comme fort au dessous de moi, la fouterie seule faisait mon unique bien, remplissait seule tous mes désirs et mon cœur n'aspirait qu'à cela. Je l'aimais tant enfin, que chaque fois que mon complaisant colonel m'envoyait un soldat pour m'apporter quelque billet, que le soldat fût vieux ou jeune, n'importe, ce soldat avait également le droit de me foutre. Ce petit jeu eut été très-agréable pour moi, si au bout de trois mois il ne m'eut procuré une vérole bien conditionnée et des mieux assorties.

Lorsque je m'aperçus que j'en tenais, je délogeai sans tambour ni trompette, et avec le secours d'une montre que je vendis, je me fis de l'argent pour m'en retourner à Paris, chargée de ma vérole. Ce parti était le plus sage, car s'il n'était pas sûr de se fier à mon colonel, étant en bonne santé, il était bien plus naturel à moi de le craindre après lui avoir donné le virus syphilitique, ou pour mieux m'exprimer, une vérole semblable à celle que j'emportais.

On voit que mon séjour à Rouen fut assez court : Il ne fut cependant pas sans aventures. Car il faut l'avouer ici sans tergiverser et sans craindre d'être taxé de mensonge, l'homme de Rouen est diablement fouteur, et sans ma maudite vérole, je serais peut-être encore dans une ville où le plaisir est la première ainsi que la souveraine loi, principalement pour les jeunes gens.

La voiture publique, ou diligence qui me conduisit à Paris, contenait un jeune homme de dix-huit ans environ, un Barnabite et une jeune fille qui allait sans doute faire ses couches à Paris.

Lé voyage se fit galamment, sans m'amuser à dauber la jeune fille, grosse comme une outre, je tombai sur le très-révérend père Barnabite.

Cependant pour convenir de tout, je dirai que le révérend père était ce qu'on appelle un bon diable, et, ce qui le prouve mathématiquement, c'est que je lui donnai la vérole.

Voici comment cela se fit :

Arrivés à Mantes, le Barnabite me tire à l'écart, il me demanda pourquoi je le raillais tant, et si mal à propos? Eh! pardieu, révérend père, lui repartis-je sans hésiter, pourquoi ne foutez-vous que des hommes? — Quelle sottise, répondit le porte-froc, que vous êtes bonne fille de croire pareille chose! Je le vois bien, il faut absolument vous détromper; mettez-vous ici, la charité du prochain va opérer votre conversion; Aussitôt mon drille tira un anchois des plus mâles et des mieux faits, puis levant ma jupe, il m'enconne sans me donner seulement le temps de crier gare! Je l'avoue, je fus foutue à double carillon et si tous les Barnabites sont de mêmes alors que mon compagnon de route, c'est très-mal à propos qu'on leur en veut, à moins qu'on ne suppose que celui-ci n'était pas profès.

Le lendemain ce fut le tour du jeune

homme qui sans être tout à fait nigard, l'était cependant assez pour ne connaître qu'une porte à la nature. Je fus obligée consciencieusement de l'endoctriner à cet effet ; beau, jeune, fini et dodu, je ne voulais point que ma nature alors impure put défigurer la sienne ; je lui fis donc prendre la route que par finesse, ou si vous voulez, par nature, j'avais refusé au Barnabite.

Vous saurez que le jeune homme, pour parler sans métaphore, me foutit en cul. J'eus le plaisir inexprimable de le sentir tâtonner dans un certain endroit qu'il ne connaissait point encore ; au reste, il en sortit avec les honneurs de la guerre et sans aucune perte ; ce fut ainsi que mon voyage me procura les jours les plus doux. J'étais foutue en con par un Barnabite, ce qui tient du miracle, et tellement du miracle que c'est bien supérieur assuré-à tous ceux prétendus faits par le chef de la secte chrétienne, comme de changer l'eau en vin, de faire parler les muets, de ressusciter les morts, etc., et enfin j'avais du jeune, du douillet, du bon dans le cul; pouvais-je être mieux servie? Etait-il possible à une putain de voyager plus agréablement? Aussi arrivai-je à Paris avec tout le contentement possible. Mon Barnabite me fit mille remerciements, et remporta la vérole la mieux conditionnee. Quant au jeune homme je l'exhortai à venir me voir quelquefois, chez ma marchande de modes, qui me reçut en vraie amie; aussi me loua-t-elle un appartement dans le marais, où, par les soins du fameux Quertaut-Audoucert, je parus être parfaitement debarrassée, en un mois de temps, de ma galanterie.

Après ce terme, je ne tardai pas à m'afficher. Je parus dans Paris sur le vrai ton de putain. Bien des gens méprisent le Marais; quant à moi, je le trouve excellent, pour y exercer mon métier : Les robins sont de toutes les saisons; le Marais est pour ainsi dire leur patrie; la preuve en est, c'est que j'en vis foutre en très-grande quantité chez moi : ils venaient tous se délasser chez la Pamonti, c'est le nom que j'avais pris au Marais, parce que ce Morontcour, me parut avoir besoin de renouvellement, pour donner du nouveau au public.

Je l'avoue, cependant, il aurait plus de plaisir à foutre avec un robin, s'il était moins pédant : ils ont en général un jargon si sot ! c'est indubitablement par une suite de cette diable de pédanterie qu'ils appellent par exemple le premier coup de fouterie foutre par arrêt et le second foutre en relésion, parce qu'ils entrent alors dans le con.

Quoi de plus plat et plus sot qu'un pareil langage.

Il est vrai que l'argent de ces robins me dédommageait bien de tant de bêtises et d'inepties ; mais pour terminer et couper court sur leur compte, les robins, je parle au moins de la haute volée, sont ceux qui m'ont fait le plus de plaisir au Marais. J'ai vécu dans ce quartier presqu'absolument à leur dépens, et sans eux je n'aurais peut-être pas pu exécuter l'acte de charité qu'on va me voir faire.

Acte de charité.

Etant un jour à la messe au couvent des Blancs-Manteaux, tout en cherchant si je n'y verrais aucune de mes connaissances, je jettai les yeux sur une femme qui était entre deux soldats, aux gardes françaises : quels furent mon étonnement et ma surprise ! Je crus reconnaître cette chère couturière, mes yeux fixés sur elle rencontrèrent bientôt les siens qui, par leur embarras, m'en dirent assez pour faire un signe à cette femme qui, me reconnaissant alors, vint me témoigner sa joie; je lui proposai de l'emmener avec moi ; mais elle me fit sentir en peu de mots à quoi je l'exposais ainsi que moi-même, si elle quittait tout de suite ces deux maudits soldats; je me contentai là-dessus de lui donner mon adresse. Deux jours entiers se passèrent, mais le troisième elle vint enfin sur les dix heures du matin se jeter à mes genoux.

Je la fis relever et l'embrassai, après quoi je la fis asseoir à mes côtés, malgré l'état affreux où elle se trouvait, sans linge, sans habits, elle pouvait à coup sûr prêcher l'inconstance des choses humaines.

Un air triste et honteux semblait barrer son cœur, et lui coupa la parole.

Je le remarquai bien vite et pour la mettre plus à son aise et l'engager à me donner sa confiance, je lui fis ôter ses haillons et lui donnai tout ce qui était généralement nécessaire pour couvrir sa nudité. Lorsque cette triste cérémonie fut terminée,je la consolai de mon mieux, et lui dis bien des choses affectueuses, dont les dernières furent : je veux absolument, ma bonne amie, que vous restiez toujours avec moi. Ah ! me répondit alors cette fille en poussant un gros soupir,vous me rendez à la vie. Ce soupir échappé naturellement rompit la digue, et dans l'instant ma couturière me fit une peinture si touchante de ses malheurs, que je fus obligée de la supplier de ne plus m'en dire davantage, je la priai même de ne me jamais plus reparler des choses terribles dont elle venait de m'entretenir. Le nouvel état où je l'avais mise fut pour elle un singulier changement de fortune, qui lui occasionna une maladie par laquelle au bout de deux mois de séjour chez moi, cette malheureuse fille fut emportée toute gangrenée dans l'autre monde à l'âge de 28 ans à peine accomplis.

Le Marais me plaisait beaucoup et par le nombre et par la qualité des fouteurs ; j'en avais tous les jours des bons, et ce qui surtout est très-intéressant, j'étais bien payée. Hélas! sans un de ces détestables animaux qu'on peut appeler à juste raison furets de bordels et que l'on nomme ordinairement *Crocs.* Ces sortes de gens sont faits pour notre supplice, sans eux une putain serait trop heureuse.

Il vint d'abord chez moi sur le ton de l'amitié, il était bel homme et très-bien mis : je crus d'abord avoir fait une excellente découverte, et je donnai tête baissée dans ce fichu Croc sans le connaître. Il me faisait accroire que je serais avec lui la plus heureuse fille du monde, pourvu que je voulusse répondre à ses bontés. Elle consistait à me donner son vit à sucer et à avaler ensuite le foutre. Lui ayant témoigné toute ma répugnance à cet égard, il changea pour lors de langage et se montrant à découvert tel qu'il était : Hé bien! foutue garce, me dit-il avec fureur, si tu ne reçois pas tout à l'heure mon vit dans ta sacrée gueule, je vais te chercher une escouade du guet pour te conduire à l'hôpital.

A ce seul mot d'hôpital mes cheveux se dressèrent d'horreur. Je consentis donc à ce que voulait mon infâme Croc. Cependant j'exigeai d'être payée, il me répondit à cela que je pouvais envoyer chez lui le lendemain ma raccrocheuse. Rassurée par ces paroles, je me mettais en devoir de servir mon original; il me mit le vit dans la bouche, et je le lui suçai jusqu'à l'en caver, quand le drôle fut satisfait : Oh! ça, ma reine, divertissons-nous bien, me dit-il, et reprenons des forces; dix louis que tu vas prendre valent bien la peine de nous faire un souper honnête ici.

Moi, qui ai toujours été bonne, je donnai aussitôt mes ordres à ma maquerelle, qui en très-peu de temps trouva de quoi nous faire passer le temps à boire et à manger : le lendemain j'envoyai chez lui; le coquin attendait ma maquerelle pour lui remettre le billet; j'y lus ce qui suit :

> Alison fait la coquette,
> Pourquoi, hélas! je n'en sais rien;
> Car jamais mon allumette
> N'enfila de con si puant que le sien.

On doit s'imaginer aisément quels furent mes sentiments, lorsque je me vis traité de la sorte. Un impromptu seconda ma colère, et sur l'instant j'écrivis sur le même papier ce peu de mots, que je renvoyai au Croc par le même messager :

J'en jure par Apollon,
N'en déplaise à sa muse !
J'ai le con
De façon
A rendre ta couille camuse.

Voilà les seuls vers que j'ai jamais faits de ma vie, j'aurais cependant mieux fait de les garder puisqu'ils me valurent la réponse suivante :

A LA DUMOUCI.

Ou dans mon calcul je m'abuse,
Ou nous sommes quittes tous deux,
Si tu rends ma couille camuse,
Bientôt ton con sera baveux.

Je dois l'avouer, quand je vis ce dernier vers, je devins forcenée : Que veut-il dire, mon con sera baveux ! Le coquin, m'a donc donné la vérole? Va ma chère, chez Quertaut-Audourest, dis-lui de venir me voir au plus vite.

Il suivit de près ma maquerelle, et me trouva dans le plus grand abattement du monde ; il me laissa une recette pour l'apothicaire. Pour remerciment je lui présentais le cul ; car cet homme ne visitais jamais d'autres trous aux femmes, par ce moyen il se moquait toujours de la vérole.

Je passai le reste du jour à maudire mon fichu Croc, jusqu'à neuf heures du soir, où ma maquerelle m'annonça un homme bien vêtu et des mieux bâtis : Il jeta trois louis sur la table. Je fis d'abord la difficile. Et si bien, qu'il mit trois autres louis dans mes tétons. Dieu sait avec quelle joie je levai après cela mes jupes ! Le jeune cavalier fut on ne peut plus content de moi.

Mon charmant jeune homme revint me trouver un beau matin. Il me dit : tu m'as donné la vérole, ce soir nous viendrons au nombre de six jeunes gens, deux te foutront en cul, pour ne point avoir la vérole, quant à moi qui l'ai déjà, je me fous d'entrer dans ton con ; pour les autres jeunes gens, je te charge de leur en flanquer autant qu'à moi : ce sont des bougres dont je veux me venger.

Mes champions vinrent à l'heure convenue : Ils débutèrent par la fouterie la plus nouvelle. Deux jeunes gens me jettèrent d'abord sur le lit ; l'un prit son poste dessous moi, il commença à m'enculer avec une tel aisance, qu'on ne saurait jamais mieux s'y prendre ; l'autre m'enconna en se cramponnant sur moi de façon que j'étais si exactement au milieu de ces deux hommes, la main droite au cul de l'un et la gauche àu cul de l'autre et en enfonçant le doigt dans le trou de chacun de mes fouteurs, je leur faisais mettre leur vit jusqu'à la garde dans les deux miens.

Le second tableau fut bien différent du premier. Un nouveau jeune homme vint ensuite se mettre sur les rangs avec encore un enculeur, tandis que les deux sortant m'exploitaient en même temps sous les aisselles.

En voilà donc déjà deux qui ont la vérole. Restait un troisième.

On passa une heure à causer au coin du feu pour nous reposer. Enfin après bien des compliments et des commentaires sur la vénérable fouterie, on résolut unanimement ce qui suit :

Un fouteur en cul sous moi, un fouteur en con sur moi, deux autres me mirent leur engin dans les mains, que j'avais étendues. Le cavalier auquel je devais la satisfaction de posséder tous les autres, vint mettre ses couilles sur ma bouche, tellement qu'en les léchant et en les suçant je fis précipiter son foutre sur mes tétons, tandis que de sa langue il accrochait, dardait la mienne, ou pour mieux dire, suçotait celle de mon fouteur en con qui, appuyé sur ses coudes, empoignait d'une main le vit de celui-ci qu'il introduisit entre mes tétons, qu'il comprimait de l'autre main l'un contre l'autre, en lui formant ainsi un con postiche, à chaque instant un déluge de foutre nous faisait nager dans un océan de volupté.

C'est ainsi que j'eus cinq vits sur le corps, et je fus si bien foutue que je fus obligée de crier merci.

Après cette fouterie chacun se taxa de bonne grâce à donner un louis pour moi, et six francs pour le feu et le vin : en tout 30 francs par tête.

Deux jours après cette fine partie, qui me mit si bien à l'aise, je reçus de celui qui m'avait procuré toute cette pratique un billet ainsi conçu :

Billet à la Dumouci.

« Il n'est pas prudent pour vous, mademoiselle, de rester où vous êtes : Vous devez en savoir les raisons : Y a-t-il ou non du fondement ? Evitez par une fuite précipitée ce qu'une vengeance assez juste peut-être pourrait vous attirer de fâcheux ou de mal. On vous cherche. »

Cet avis salutaire me fit prendre la résolution de changer de quartier. Je mis en effet ma maquerelle en campagne, et au bout de deux courses elle me trouva une chambre et un cabinet, rue St-André-des-Arts, où je transportai sans tambour ni trompette mon gagne pain. En y arrivant, mon premier soin fut de me faire guérir radicalement.

Je pourrais faire un volume in-folio, de toutes mes aventures d'église : Tout dans mon nouveau quartier passa, je puis m'en vanter, par mon étamine. Carmes, cordeliers, jacobins, prémontrés, capucins, prestoles, pédans, professeurs, cuistres, goujats de colléges, jusqu'aux répétiteurs mêmes sans restriction vinrent apporter à mon con les hommages de leur Priape, aussi n'ai-je pas encore quitté le quartier latin. Parmi les traits des diverses scènes et adorables fouteries j'en choisis trois des meilleurs qui ne peuvent que faire plaisir au lecteur.

Un jeune abbé, sorti nouvellement du collége, vint chez moi, dans la louable intention de m'eufiler : il avait encore son pucelage ; j'eus un plaisir infini à le voir faire sa besogne ; il entra dans mon con à peu près comme un taureau et en sortit comme un idiot. Après l'action il se laissa tomber dans un fauteuil en disant : Dieux ! n'est-ce que cela?

Il revint cependant à la charge, mais sans vigueur ; aussi d'un coup de cul le foutis-je dans la ruelle.

Voilà l'avantage qu'a une putain avec des églisiers ; sont-ils mous elle s'en moque ; au lieu que les plus mauvais épétiers vous tournent et retournent, foutimassent autant qu'ils veulent et souvent plus qu'ils ne le peuvent.

Un de ces épétiers vint un jour, tandis que j'étais en jeu avec un bon père cordelier, mon drôle en entrant commença à jurer comme un possédé, le cordelier aguerri le pria de se taire, l'autre le menaça de cinquante coups de plat d'épée, il avait à peine lâché le dernier mot, que sans tant de façons le bon père sortant de sa poche un pistolet qui paraissait de bon aloi, dit au cavalier : si tu branles je te casse la tête, bougre de gueux ; l'épétier étonné ne dit plus un mot et devint tout à coup l'ami du révérend père, au point qu'ils couchèrent tous les deux avec moi. Le cordelier me foutit d'abord deux coups sans même déconner. Quand il eut entièrement achevé sa décharge, il me dit : — Ah! ça, mignonne, je te laisse avec monsieur ; j'ai besoin d'aller au couvent.

Le moine en se levant, ferma bien soigneusement les rideaux du lit et nous embrassa le cavalier et moi, comme ses meilleurs amis: Je vais, dit-il m'habiller, vous mes enfants, continuez à bien faire joujou, et dormez ensuite comme il faut.

Après cette douce exhortation, il s'habilla avec la culotte de velours, la fine chemise et les boutons du dimanche de l'épétier : Qui fut bien surpris? Ce fut l'apparent tapageur en se levant, lorsqu'il se vit contraint de mettre la culotte d'un mendiant ; je ne pus m'empêcher d'en rire comme une folle. Il est vrai que cela me valut quelques coups de plat d'épée ; mais une putain n'est point à cela près. Qu'on dise maintenant que les moines ne sont pas faits pour le bordel. Pour faire mieux connaître encore leurs talents supérieurs, voici une autre histoire qui satisfera à ma parole et remplira les trois traits que j'ai promis.

Un jacobin était fou de moi sans que je pusse le souffrir; il y avait six mois qu'il me faisait les yeux doux, sans pouvoir me mettre à contribution, il m'envoya un jour la pièce suivante, encore que la poésie n'en soit pas des plus harmonieuses. J'ai peu vu de matière qu'elle fût traitée d'une manière aussi forte, mais de quoi n'est pas capable un moine, lorsqu'il est animé de la vengeance, de la jalousie et de l'amour métamorphosée en haine.

ODE

Le Fouteur courroucé.

I

O toi qui dans ma double couille,
Jettes le foutre à gros bouillons !
Toi pour qui le con se dérouille.
Qui fait lever les cotillons !
Toi qui fait rendre ainsi que braise
Les mortels, les plus bande-à-l'aise,
Puissant dieu de tous les fouteurs,
Viens me prêter ton assistance :
Priape ! ta seule présence
Adoucit les plus grands malheurs.

II

Philis qui semblait n'être née
Que pour satisfaire nos sens,
Philis qu'on croyait destinée
A conserver tout notre encens,
Résiste à tes plus fortes armes !
En vain de l'attrait dè ses charmes,
Mon vit brûlant est il épris !
Hélas! peut-on passer plus outre?
Philis n'a pour le plus beau foutre
Qu'indifférence et que mépris.

III

Que dis-je, l'indigne Bougresse
Me voit... réduit presque aux aboie;
Pour mieux lui prouver ma tendresse
Bander, rebander mille fois;
Ma couille, sans cesse abattue,
S'échauffe, s'emplit à sa vue :
Mais loin d'en exprimer le jus,
La garce à ma main laisse faire
Un devoir qui n'est qu'un salaire
Pour tous les cons, pour tous les culs.

IV

Grand dieu! pour en tirer vengeance,
Permets que Philis, dans mes bras,
Vienne chercher la jouissance
De ce manque à ses appas!
Permets que de son con, la flamme
Aille brûler jusqu'à son âme.

Fais que dépouillant ses rigueurs,
Philis garante de ta gloire!
En doux honneur de la victoire,
Arrache à mon vit mille pleurs!

V

Mais non, fait plutôt que l'ingrate,
Dans un instant de désespoir,
Pour moi ce patine et se grotte,
Sans me toucher, sans m'émouvoir!
Que le bâillement de sa motte
La force à prendre ma culotte,
Mais aussi, fais que mon engin
Devenu tout à coup de glace,
Et de loin faisant la grimace
Se moque ainsi de son conin!

On trouvera sans doute étrange le dernier mot : conin, en parlant de ma pièce curieuse, puisque les services lui avait absolument ravi ce nom pour lui laisser à l'avenir, comme je l'ai dit du bijou de sœur Prudence quand j'ai parlé d'elle, le titre flatteur de porte cochère. — Non content de m'avoir envoyé cette Ode, le jacobin vint l'après dîner du même jour, et s'adressant à moi, il m'empoigna par la tète, puis me jetant sur mon lit, il me mordait comme un chien et se disposait à m'enfiler sans miséricorde, j'empoignai son bougre d'engin, et le lui tordant très-fortement, l'instrument en fut tellement affecté, qu'il m'inonda le con et les cuisses d'un torrent de foutre.

J'achevai pour lors de le désarçonner par un vigoureux coup de poing, que je donnai à son Priape apostolique, et je le renvoyai, en lui disant ces paroles :

> Si tout prêtre vit de l'autel,
> Toute putain vit du bordel

Foutant toujours avec des prêtres, n'auraient-ils pas dû me garantir, hélas ! par leurs prières, d'une petite vérolique qui m'a gâté au point, que ne sachant plus que faire, en attendant, j'écrivis ces mémoires. Maudite maladie! infirmité cruelle! qui, m'ayant ôté le peu d'agrément que j'avais reçu de la nature, me força de me faire maquerelle.

FIN.

www.ingramcontent.com/pod-product-compliance
Ingram Content Group UK Ltd.
Pitfield, Milton Keynes, MK11 3LW, UK
UKHW020337180726
13839UKWH00002B/767

9 782329 347363